野球選手なら知っておきたい「からだ」のこと

土橋 恵秀／
小山田 良治／
小田 伸午 著

【投球・送球編】

大修館書店

はじめに

　本書は、投球・送球の動きを、上肢、体幹、下肢に分けて分解し、その一つひとつについて、「からだ」の動きを誰にでもわかる言い方で表わし、さらに、その動作をするときの感覚にまで踏み込んで記述したものです。おもに高校球児を読者対象として、頭とからだ両面からの理解が得られるように、わかりやすく書かれていますが、大学生や社会人の野球選手、そして中・高校生の野球指導者の方々にも参考にしていただきたいと願って書きました。本書は、『打撃編』と同時刊行となっていますので、これと合わせてお読みいただければと思います。

　本書の最大の特徴は、立場の異なる3人（土橋、小山田、小田）によって書かれたところにあります。

　土橋恵秀は、高校時代の野球経験をもとに、大学入学と同時にトレーナーの立場となって選手の怪我とトレーニングのサポートを積み重ねてきました。今日、プロ野球選手の個人トレーナーとしての仕事に打ち込むかたわら、野球教室などで、高校野球選手を対象として、「からだ」の使い方の指導にあたっています。本書は、土橋が中心となって、投球・送球動作での「からだ」の使い方を一つひとつわかりやすく解説し、上肢、体幹、下肢の各パートの分解ドリルを示しました。これは、これまで出会った幾多の野球選手と一緒に考えてきた「からだ」の使い方の習得方法のなかから、効果のあったものを選りすぐったものです。

　小山田良治は、スポーツマッサージの立場から、「からだ」の使い方の実践的な知恵について記述しました。とくに、コラムのなかで、投球・送球動作において野球選手が知っておきたい「からだ」の構造や「からだ」の使い方についてわかりやすく記しました。怪我をしないことと高いパフォーマンスをあげることの両立を図ることを基準として、治療師として選手の肉体に直接触れ、動作指導も行う専門的立場からの指摘は、野球関係者だけでなく、スポーツトレーナーの方々の「からだ」と「こころ」のすみずみにまで届くものと思われます。

　小田伸午は、スポーツ科学の立場から、土橋や小山田が示す投球動作の実践的解説に関連した研究データ、研究知見をおもにコラムにして掲載する仕事を分担しました。さらに、体育教師、あるいは動作指導者の立場から、右と左に関する私見も述べています。野球選手の世界は感覚の世界であることを前提に、研究データで実証されたものでないことを承知の上で、「左投げの動作感覚は、右投げの動作感覚の左右を入れ替えたものではない」という内容を読者に投げかけました。

　以上のように、本書はトレーナー、治療者、研究者と異なる立場の人間が、投球動作について協力して書いたものです。こうした書物は、ほかに類がなく、その多角的な配球から、読者は自分だけの独自の動作感覚を会得できるものと信じています。投手は、自分独自の感覚をつかんではじめて、孤独なマウンドで勝負をすることができるようになります。野手も、自分の動作感覚を磨き上げることで、チームメートから信頼される選手になれるのです。

　投球・送球動作において、からだの各部位の動く順番は、下肢→体幹→上肢の順ですが、本書は、上肢（1章）、体幹（2章）、そして下肢（3章）の順に記述しました。

　まずは、体幹と下肢の動きを使えない状況で上肢の動きをマスターするドリルを行うことで、その後、体幹と下肢の動きを併せたときに、それぞれの動きがかみ合って、計り知れない効果が出るものと、判断したからです。ですから、動作の流れとは逆の道筋をたどっていく練習方法を紹介した本書の意図を、ぜひとも理解し実感していただきたいのです。

2009年3月11日
土橋恵秀　小山田良治　小田伸午

もくじ

■はじめに …………………………………………………………………………… 1

プロローグ …………………………………………………………………………… 6

第1章　上肢の動きについて知ろう

1　知っておきたい投げ動作のこと …………………………………………… 12
　　1-1　原点はキャッチボール ………………………………………………… 12
　　1-2　正しいキャッチボールとは？ ………………………………………… 13
　　1-3　からだに負担のない動作とは？ ……………………………………… 13
　　1-4　投球動作は下半身からエネルギーを伝達させる全身運動 ………… 14
　　1-5　二つのスナップスロー ………………………………………………… 16

2　知っておきたい腕や手のこと ……………………………………………… 17
　　2-1　腕の「しなり」 ………………………………………………………… 17
　　2-2　腕の始まりはどこか …………………………………………………… 18
　　2-3　腕の筋力を高めればボールは速くなるのか ………………………… 20
　　2-4　ボールを握るときに働く短い筋肉と長い筋肉 ……………………… 21
　　2-5　肩の位置と上腕の外旋 ………………………………………………… 22
　　2-6　肩の位置が前にきていないか ………………………………………… 23
　　2-7　体温計を振ってみよう ………………………………………………… 25

3　知っておきたい「しなり」のこと ………………………………………… 29
　　3-1　肩甲骨について知ろう ………………………………………………… 29
　　3-2　肩甲骨を意識して使う ………………………………………………… 31
　　3-3　なぜ腕をかいてはいけないのか ……………………………………… 34
　　3-4　「しなり」を生み出す上腕の外旋と内旋 …………………………… 37

4　知っておきたい一連の投げ動作のこと …………………………………… 40
　　4-1　投げ動作で実際に腕を振ってみよう ………………………………… 40
　　4-2　ボールを投げ込んで感覚をつかむ …………………………………… 44
　　4-3　スナップスロー時の捕球動作 ………………………………………… 44

　●ドリル
　　1　「グー」をつくって投げ動作をしてみよう ………………………… 18
　　2　「前へならえ」をしてみよう――腕を伸ばすには ………………… 19

3　「前へならえ」で上腕の外旋を確認してみよう ………………… 22
　　4　腕のしなりを生み出そう――肘を中心に円を描く ……………… 24
　　5　前腕の回外から回内、そしてリリースを体感しよう …………… 28
　　6　肩甲骨を動かしてみよう ……………………………………… 32
　　7　かく動作を抑えよう …………………………………………… 36
　　8　ムチのようにしなう腕とは？――上腕の内・外旋のコツをつかもう　39
　　9　これまでの動きをつなげて腕を振ってみよう …………………… 41
　　10　反対の腕の動きもつけて投げてみよう ………………………… 43
● 知っておこう
　　1　スナップスローの習得にも有効な「グローブの芯をつくる」作業 … 20
　　2　投げ動作に大きな影響を与える筋肉は？ ……………………… 26
　　3　非投球腕の肩を引くって？ …………………………………… 35
　　4　関節は筋肉の力だけで動くわけではないって？ ……………… 38
　　5　ベテランの味って？ …………………………………………… 48

第2章　体幹について知ろう

1　知っておきたい「体幹」のこと …………………………………… 50
　　1-1　体幹とは？ …………………………………………………… 50
　　1-2　投げ動作における体幹 ……………………………………… 50
　　1-3　なぜ腰は回るのだろう ……………………………………… 51
　　1-4　体幹の動きを知ろう ………………………………………… 53
　　1-5　からだの開きを抑える ……………………………………… 56
　　1-6　後ろ腰を前の腰にぶつける ………………………………… 60
　　1-7　胸の張り ……………………………………………………… 62
　　1-8　回転運動から縦の運動へ …………………………………… 64

2　知っておきたい「右と左」のこと ………………………………… 65
　　2-1　右投げのコーチは、左投手に教えられない ………………… 65
　　2-2　右ネジの法則 ………………………………………………… 69

3　知っておきたい膝と股関節の「抜き」のこと …………………… 72
　　3-1　膝と股関節の「抜き」 ……………………………………… 72
　　3-2　「抜き」から股関節運動へ ………………………………… 73

● ドリル
　　1　体幹を動かすイメージを身につけよう―1 …………………… 54
　　2　体幹を動かすイメージを身につけよう―2 …………………… 55

3　体幹の入れ替えをしてみよう ……………………………………… 58
　　4　投げ動作での体幹の入れ替えをしてみよう ……………………… 60
　　5　椅子に座って投げてみよう ………………………………………… 63
　　6　からだを縦に使い、腰で投げる感覚をつかもう ………………… 64
　　7　抜きのコツをつかもう ……………………………………………… 72
　　8　膝と股関節の抜きと骨盤の動きを連動させてみよう …………… 74
　　9　投球動作に近づけて行おう ………………………………………… 76
　●知っておこう
　　1　あげた足の足先の向きで体重移動が変わるって？ ……………… 68
　●鼎　　談
　　対称ではない右と左 ………………………………………………… 70

第3章　下半身の動きについて知ろう

1　知っておきたい軸足への「のせ」のこと …………………………… 80
　　1-1　下半身の役割 …………………………………………………… 80
　　1-2　わからないことが多い下半身の使い方 ……………………… 80
　　1-3　「のせ」とは？ …………………………………………………… 80
　　1-4　「のせ」の動作をつくる ………………………………………… 82
　　1-5　「のせ」の感覚を維持する ……………………………………… 85
　　1-6　足をよせる感覚 ………………………………………………… 86
　　1-7　うまくいかない理由 …………………………………………… 88
2　知っておきたい「はこび」のこと ……………………………………… 92
　　2-1　「はこび」のカギは軸足 ………………………………………… 92
　　2-2　軸足の内転筋の役割 …………………………………………… 93
　　2-3　股関節の構造を知ろう ………………………………………… 94
　　2-4　股関節の動きを知ろう ………………………………………… 95
　　2-5　重心の崩し方 …………………………………………………… 97
　　2-6　軸足でプレートを蹴ったほうがいいのか …………………… 101
　　2-7　リリース時の軸足の膝の向き ………………………………… 102
3　知っておきたい腰の回旋のこと ……………………………………… 105
　　3-1　前足の力の抜けた踏み込みを覚える ………………………… 105
　　3-2　スイッチのイメージをつかもう ……………………………… 106
　　3-3　体重移動のイメージをつかもう ……………………………… 107

3-4　さらにピッチングに近い形を体感する …………………………… 109
3-5　腰の回旋では何が大切か ……………………………………………… 109
3-6　腰の回旋のタイミングとは？ ………………………………………… 109
3-7　前足と軸足、どちらが重要か ………………………………………… 110
3-8　投げ動作のすべてをつなげてみよう ………………………………… 113

● ドリル
　1　前足を引きつけて軸足に体重をのせてみよう ………………… 84
　2　瞬間的に軸足に体重をのせてみよう …………………………… 86
　3　足首を使って体重移動をコントロールしよう ………………… 100
　4　上体を軸足に残して重心移動をしよう ………………………… 104
　5　体重を両足の間で受け渡してみよう …………………………… 106
　6　軸足の足首に着目して骨盤を直線的に動かしてみよう ……… 107
　7　前足を踏み込む動作を身につけよう …………………………… 110
　8　軸足を台の上にのせて骨盤を回旋させよう …………………… 112

● 知っておこう
　1　股関節の位置は？ ………………………………………………… 88
　2　メジャーリーグと日本の投手の違いって？ …………………… 101
　3　肋間のつぶしって？ ……………………………………………… 103
　4　上野由岐子投手は何が違うのか？ ……………………………… 108

■ あとがき …………………………………………………………………… 115

プロローグ

幼児の頃、みなさんは、どのようにボールを投げていたでしょうか。ここに、6歳の幼児がボールを投げようとしている場面の写真があります（図1）。

みなさんは、この子の足の位置は、右足が前にあると思いますか、それとも、左足が前にあると思いますか（正解は、P.10の写真をみてください）。

この頃までの幼児は、いわゆる手首のスナップ動作も肩の動作もまだ十分にはできません。そのため、肘を伸ばす動作を中心にしてボールを投げようとします。足の位置も、投げる手と同じ側の足を前に出して投げる幼児が多いのです。

投げる腕と反対側の足をステップして、からだ全体の動きを使って投げる動作は、男子だったら、小学校に入学する頃にようやくみられるようになってきます。人間の投げ動作の習熟過程をみると、野球選手がどのようにして投げたらいいのかのヒントがみえてきます。

図1　幼児のボールの投げ方は？
　　　右手や右足の位置はどうなっているだろうか。

*

あなたは、図2のように手首（の屈曲動作）だけでボールを投げるとしたら、どれくらいの距離を投げることができますか。きっと、数メートルしか飛ばないのではないでしょうか。

次に、図3のように肘の伸展動作と手首の屈曲動作の両方を使って投げてみてください。今度は、手首だけのときよりもボールの速度も速くなり、投距離も伸びたはずです。

さらに、図4のように肩、肘、手首の三つの関節（つまり腕全体）を使うと、もっとボールの投距離は伸びます。肩、肘、手首の三つの関節に加えて、体幹（胴体）も使って投げると投距離はもっと伸びます。

それでは、立位姿勢から、投げる腕と反対側の足を踏み出して、下半身、体幹、肩、肘、手首とからだ全体を使って投げてみてください（図5）。つまり通常、投手が投げる動きです。当然ですが、こうするといちばん距離が出ます。からだの一部分を使って投げるよりも、からだ全体を使って投げると球速があがり、距離が出るのです。

図2 手首だけで投げる

図3 肘と手首の関節を使って投げる

図4 肩、肘、手首の関節を使って投げる

図5 体幹も使って投げる

図6　和田毅投手（福岡ソフトバンクホークス）の投球フォーム
　　　早稲田大学入学当初は120km台だったのが、その後140kmの球速のボールが投げられるようになった。（写真：ベースボール・マガジン社）

　からだの使い方の善し悪しで、投球能力は大きく変わります。現在、ソフトバンクホークスで活躍する和田毅投手も、大学1年生のときは、時速120kmのボールを投げるのがやっとでしたが、本書に示したからだの使い方をマスターすることで、時速140kmのボールが投げられるようになりました。

＊　　　　＊

　からだの使い方をマスターするには、からだの「つくり」を理解する必要があります。本書では、次のような点について解説するとともに、ドリルを使って実際に動作感覚を確かめながら、投げる動作について解説しています。

● Q1　腕の始まりは肩である？　(☞ P.18)
　みなさんは、腕の始まりは肩であると思っていませんか。このように思い込んでいる野球選手が多いと思いますが、実は誤解なのです。からだの動かし方の理解が変わると、身体動作のイメージも変わります。そのイメージが変わると、動作の感じ取り方が変わり、からだの動きが変わってきます。自分を変えるということは、すばらしいことです。感動の世界が待っています。

● **Q2　軸足でプレートを強く蹴ることが大事？**（☞ P.101）

　みなさんは、体重移動のときに、軸足でプレートを強く蹴ることを意識していませんか。プレートを強く蹴れているという力感が大事だと勘違いしていませんか。下半身の使い方として体重移動時に大切なのは、（　①　）の感覚です。むだに力むと、早くバテてしまいますし、コントロールも不安定になってしまいます。

　本書を読んで練習していくと、力みのない、スムーズで安定した体重移動ができるようになります。一流の動作は力感が少ないのです。力感が大きい動作は、一流とはいえません。力んだ動作から抜け出すことが一流への道につながります。

● **Q3　腰が回るのは腰椎が回るから？**（☞ P.51）

　体幹の使い方に関しても、誤解があります。みなさんは、腰を回して投げるイメージをもっていることと思います。腰を回すには、からだのどこを回す必要があるでしょうか。背骨の腰の部分、つまり腰椎が回るからでしょうか。

　胸椎や頸椎は回ります。しかし、腰椎は回りません。では、どこが回るから、腰が回るのでしょうか。腰を回すというイメージよりも、後ろの（　②　）関節から前の（　②　）関節にスイッチを切り替えるようなイメージをもつとよいのです。腰椎は回らない、というからだの正しい知識をもつと、動作の仕方やイメージが変わってきて、動作が変わります。

● **Q4　右投手と左投手の投げ方は、左右が反対なだけ？**（☞ P.65）

　あなたは右投手ですか、左投手ですか。右投手の投げ方と、左投手の投げ方は、同じでしょうか。違うでしょうか。

　足を踏み出して全身で投げる、という意味では同じですが、その全身の使い方の感覚が異なります。右投手はネジでたとえるなら、ネジを（　③　）ように投げ、左投手は（　④　）ように投げます。

　みなさんのなかに、右投げ投手の動作を手本にして投げてみて、どうもうまくいかなかったという左投手はいませんか。あるいは、左投げコーチのアドバイスが自分にはどうも当てはまらないと感じている右投手はいませんか。指導者のなかにも、自分が右投げで、自分の習得した動作感覚を左投手に教えてもなかなか成果があがらないと感じているコーチはいませんか。

　右と左の世界は別世界。本書の感性に触れると、自分のなかでモヤモヤとしていた感覚が右と左に整理されていくでしょう。

　　　　　＊　　　　＊　　　　＊

野球は、頭で考え、感覚で実践します。からだの知識、からだが動く物理の原理を知っていくと、誤った動作感覚に陥っていた自分を修正できます。しかし、動作をするときは、知識に縛られ、頭で動作をつくってはいけません。自分は感覚派だという人は、一度、知識の理解に挑戦してみてください。知識に縛られて頭で動作をつくっている人は、感覚、感性の世界に飛び込んでみましょう。

　知識を投げると感性が返ってくる。感覚を投げると知識が受け止めてくれる。こうなるとこれまでみえなかった新しい世界がみえてきます。大きく成長した新しい自分が待っています。

　投手は、打者と対戦するときに、その打者の打撃動作とその心理について知っておく必要があります。とくに、打者の「からだ」の使い方について知っておくと、打者の動きを封じるためには、自分の動きをどうしたらよいかがみえてきます。

　一方、打者も投手の「からだ」の使い方、投手の投球動作とその心理を知っておく必要があります。対戦相手を知った上で、打撃動作を考えていくのと、知らないのとでは、実戦において大きな違いが出てきます。また、打者は守備においては野手として送球の技量が必要となります。投げることにおける「からだ」の使い方を学んでおくことは必須となります。

　本書は、「打撃編」との二分冊構成になっています。投手も野手もこの二冊をいつでも手元に置いて、投げる動作と打つ動作の「からだ」の使い方を学んで、野球選手としての技量を基礎から磨き上げていただきたいと願っています。

●P.6　図1

●P.9　Q2～4
①抜き
②股(こ)
③緩(ゆる)める
④締(し)める

第1章

上肢の動きについて知ろう

1 知っておきたい**投げ動作**のこと

　投げる動作における「からだ」の使い方について説明するのが本書の目的ですが、本題に入る前に、投げる動作とはどういうものなのか、知っておきたいことをいくつか述べてみたいと思います。

1-1　原点はキャッチボール

　みなさんは、「野球をする上でのいちばんの基本は何か？」と質問をされたらどのように答えますか。答えは必ずしも一つではないと思いますが、キャッチボールをあげる人は少なくないでしょう。

　キャッチボールは、「投げること」と「捕ること」の二つのシンプルな要素から成り立っています。当然のことかもしれませんが、野球において「投球」(送球)と「捕球」は必要最低限のことであり、最もシンプルな形でそれを行うキャッチボールは、重要な基本の一つであると考えてよいでしょう。この二つは、投手、野手を問わずすべての選手が避けて通ることができないことからも、重要であることは間違いありません。

　先日、あるプロ野球選手から、「キャッチボールがうまくなるとバッティングもうまくなる」という話を聞きました。多くの人は、キャッチボールは守備の練習であり、バッティングは攻撃の練習であると別々に考えているのではないでしょうか。でも、そのプロ野球選手は、「打つ」動作を「捕る」動作に重ねてみているのです。それはなぜでしょうか。

　キャッチボールの捕球動作では、空中を移動してくるボールを目で追いながら、そこに手（グローブ、もしくはからだ）をもっていきます。言い換えると、ボールをみることによって得た情報を脳で処理し、その信号を筋肉に送ってからだを制御し、そこに手を持っていく動作であるといえます。「捕る」動作をするには飛んでくるボールをみて、捕球のタイミングと位置を調整することが重要になってきます。

　バッティングは、投手が投げたボールを目で追ってバットに当てる動作です。これは、飛んでくるボールをバットで捕ることともいえます。「打つ」ためには、ボールをバットに当てるタイミングと位置の調整が重要なのはみなさんがよくご存じのとおりです。

　プロ野球などの熟練した選手では、「捕る」という感覚と「打つ」という感覚が近く、共通したものを感じるようになっているのではないかと思われます。このように考えると、野球の基本はキャッチボールであるという言葉の意味が広がりをもってきます。

立位姿勢で、飛んでくるボールを後ろの手で捕球。　　打撃の構えで、飛んでくるボールを後ろの手で捕球。

図1　打撃に通じる捕球
　　飛んでくるボールをみてとらえるという意味では、打撃も捕球も同じ。

　この章では、投げ動作における上肢の動きのしくみや働きを考え、正しいキャッチボールの方法について考えていきましょう。

1-2　正しいキャッチボールとは？

　野球の基本とされるキャッチボールは、どんなチームでも必ず練習メニューに含まれていると思います。ある指導書には、「投げることは野球の基本である」、「キャッチボールができてこそ野球がうまくなる」と書いてあります。

　これほど重要性が強調されてはいますが、多くの人は、バッティングやピッチングのことで頭を悩ますことはあっても、キャッチボール自体で悩むことはあまりないのではないでしょうか。ふだんの練習において、キャッチボールは肩ならし程度の「準備運動」になってしまいがちです。問題はここにあります。

　キャッチボールが野球の原点であるとするならば、たとえ投手であっても、もう一度自分のキャッチボールを見直し、その技術を正しく身につけることが必要になります。

　では、正しいキャッチボールとは、いったいどんなものなのでしょうか。

1-3　からだに負担のない動作とは？

　力任せのスローイングをすると、力強いボールは投げられるかもしれませんが、けがを招く可能性があります。スローイングでは、「からだ」に無理なく楽に投げられるかどうかが重要なポイントの一つになります。そのためには、①力のロスをなるべく少なくする、②ボールにあますことなくエネルギーを伝えてリリースするなど、いかに効率のよい動作をするかが重要になってきます。

　もう一度自分のスローイングをキャッチボールから見直してみてください。スピードボールを安定して投げることを意識するあまり、肩や肘に負担をかけ

ていませんか。

　本書では、肩や肘に負担をかけないスローイング時の「からだ」の使い方について学んでいきます。それが速い強いボールだけでなく、安定して投げることにもつながるからで、このことを投手にも野手にも知っておいて欲しいのです。からだにやさしく、けがをしない動作が優れたパフォーマンスを生む動作となります。

1-4　投球動作は下半身からエネルギーを伝達させる全身運動

　福岡ソフトバンクホークスの強力先発陣の一角を担う杉内俊哉投手（図2）は、ゆったりとしていて、それほど力を入れているようにはみえないのに、なぜあんなにいいボールが投げられるのでしょうか。

　投球動作では、投球に必要な筋群を適切なタイミングで活動させて力を生み出し、エネルギーを伝達し、ボールを加速させることが必要です。杉内投手は、このようなエネルギーの伝達がうまいのです。

　ステップによる重心の移動と下半身の大きな筋群の活動によって生み出されたエネルギーが、体幹部を通じて上半身に送られ、そして肩・肘から手先へと送られます。その間に、各部の速度は足し算されて速くなっていき、リリース時の手の速度が最も速くなります。

　図3は、投球動作中におけるからだの各部位における水平速度の変化を表

図2　ゆったりした動作から生きたボールを投げる福岡ソフトバンクホークス・杉内俊哉投手（写真：ベースボール・マガジン社）

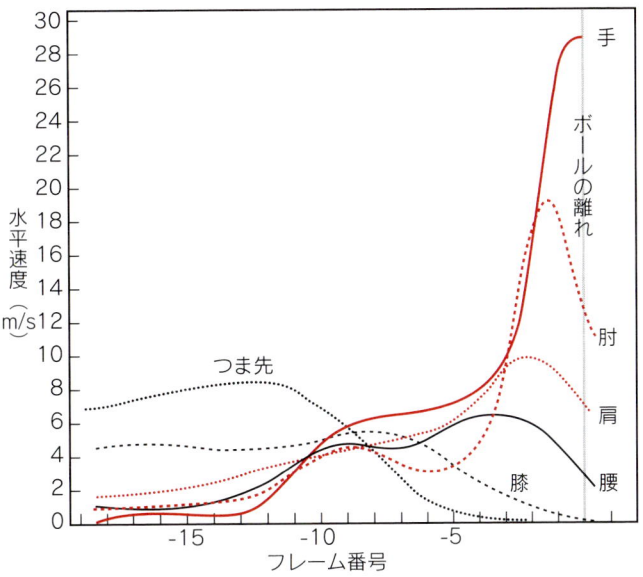

図3 投球動作中における各部位の水平速度の変化
(桜井伸二『投げる科学』大修館書店)

したものです。下半身はステップ足のつま先と膝、体幹は腰の部分の速度、上肢は投球腕の肩、肘、手の速度をみています。

みなさんは図から、何を読み取ることができますか。次に問題を出しますので、からだの各部位の速度について、正しいのはどれか考えてみてください。

Q1 投球動作中のからだの各部位の速度は？
　(1)ほとんど同じ速さである。
　(2)部位によって大きな違いがある。

Q2 からだの各部位の速度がピークになるタイミングは？
　(1)同時である。
　(2)下半身→体幹→上肢の順番である。
　(3)上肢→体幹→下半身の順番である。

Q1、Q2とも、正解は(2)になります。からだのそれぞれの部位が速度のピークを迎える時間がずれていることに注目してください。つま先、膝、腰、肩、肘、手とボールに近い部位になればなるほど、速度のピークを迎えるタイミングが遅く、ピークを迎えるのが遅い部位ほど、そのピークの値は大きくなる傾向があります。

このように、下肢によって生み出されたエネルギーが、体幹から手へと伝えられ、末端部の速度が大きくなることを、「運動連鎖の原則」とよんでいます。

椅子に座って腕だけで全力投球してみてください。そのときと同じ球速のボールを、下半身や体幹を使って運動連鎖を起こして投げると、非常に楽に投げることができます。腕だけで投げると肩や肘に大きな負担を感じたのが、下半身や体幹を使って全身で投げると、負担のかからないことがわかるはずです。

1-5 二つのスナップスロー

　投手も、ゴロを捕球して一塁や二塁など、目的の塁に投げるとき、スナップスローができなければいけません。牽制球なども、スナップスローができることが重要になります。

　ここからは、投手・野手が行うスナップスロー動作と投手が行うピッチング動作の二つに分けて話を進めていこうと思います。

(1)投手・野手の送球

　ゴロなどの打球を捕って送球する際には、素早さが求められます。塁上の走者を、または打ち終えたバッターをアウトにするために、野手は素早く投げなければなりません。そのために野手、特に内野手の送球では、「スナップスロー」という投げ方が使われます。

　スナップという言葉を耳にして、ほとんどの人は「手首」の動きをイメージすると思います。しかし、英語のsnapには手首という意味はなく、「即座の」という意味で使われることがあるようです（手首は「wrist」といいます）。そして手首を屈曲させることを「wrist snap」といい、手首のトレーニングのことを「wrist snap drill」といいます。

　では、「snap throw」とはどのような投げ方をいうのでしょうか。snap throwを直訳すれば、「サッと投げる」「素早く投げる」という意味になります。また、投手や捕手が走者にする牽制球を指す場合もあります。

　このように、スナップスローとは、手首の動きを示すのではなく、からだ全体で行う素早い送球動作を意味すると考えるのが妥当です。手首ばかりを意識しすぎて、肘関節や肩関節を固めてしまってはいけません。手首の意識をはずすことが、矢のようなボールを投げるための近道かも知れません。

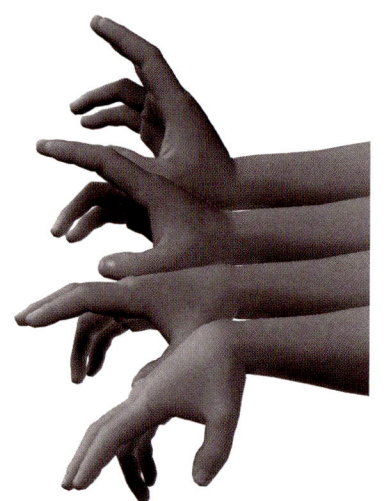

(2)投手のピッチング

　では、投手はどうでしょうか。投手は、打者に打たれないようなボール、打者がバットに当てることができないようなボールを投げることが求められます。

　投手のピッチングでは、野手の送球とは別の要素が求められますが、自然に、そして無理なく腕を振る動作であるという点に関しては、共通しています。

図4　日本では、手首の動きがイメージされる「スナップスロー」
（小山田良治作図）

2 知っておきたい腕や手のこと

2-1 腕の「しなり」

　投手のピッチングにおいて「しなり」が重要なことは、みなさんもよく理解されていることでしょう（図5）。野手のスナップスローもピッチングも程度の差こそあれ、いわゆる「しなり」を生み出して投げる、ということに関しては同じです。投げるという動作は「しなり」を含んでおり、この動作を避けて通ることはできません。

　野球の解説書には、腕の使い方として「腕をムチのようにしならせて投げる」、「柔らかく使う」、「腕の力を抜いてしならせる」といった表現がよく使われています。では、このしなりを生み出すためには、どのように「からだ」を使えばよいのでしょうか。

　「腕を柔らかく」という表現がありますが、「しなり」動作を生み出すには、関節の力を抜いた状態にすることが必要になってきます。そのためには、手首

図5　清水直行投手（千葉ロッテマリーンズ）の腕のしなりに注目（写真：ベースボール・マガジン社）

などの先端部分を意識的に動かそうとしないことも重要になります。手首を意識すると、腕や肩周辺が緊張して、力が入りやすくなってしまうからです。

まずは、手首に力を入れるとどうなるかを、実際に試してみましょう。

drill 1

「グー」をつくって投げ動作をしてみよう

利き腕の手をぎゅっと握ってグーをつくり、その状態で投げ動作を行ってみてください。「しなり」は起きましたか。

図6　手を強く握って、投げ動作を行うとどうなるか

手首は固まったままで、しなりは起きなかったのではないでしょうか。しかも、肘関節も硬くなり、その緊張は肩周辺にまで及んでいたはずです。

このように、手指、手首周辺の末端部分に意識をもつこと、たとえばボールを強く握って投げようとすることなどは、手首の力みを生み、腕の「しなり」を阻害することにつながります（P.37参照）。

2-2　腕の始まりはどこか

力を抜くうえで、ぜひともみなさんに知っておいてほしいことがあります。それは、腕の付け根の関節のことです。

みなさんは、腕はどこについていると思いますか。腕の始まりの部位を指で指してみてください。

多くの人は、肩のあたりを指すことと思います。しかし、それは違います。腕の始まりは、鎖骨（さこつ）の付け根なのです。その部分は、胸骨（きょうこつ）と鎖骨（さこつ）がつながる関節なので、胸鎖関節（きょうさ）といいます（図7）。上肢には上から下に向かって、肩関節、肘関節、手首関節、手指関節と複数の関節がありますが、上肢の始まりの関節は、肩関節ではなく、胸鎖関節なのです[*]

ほとんどの人が「肩」から先が腕だと思って、腕を使っています。つまり、腕を動かすことは、肩から先を動かすことだと思ってるということです。このような考え方は、機能的にみて効率のよいからだの使い方になるのでしょうか。

[*]　胸鎖関節のみが上肢の動きにおいて重要であるということではありません。肩甲骨などを含めた肩と胸まわり全体の複合的な動きで、上肢の動きは決まってきます。

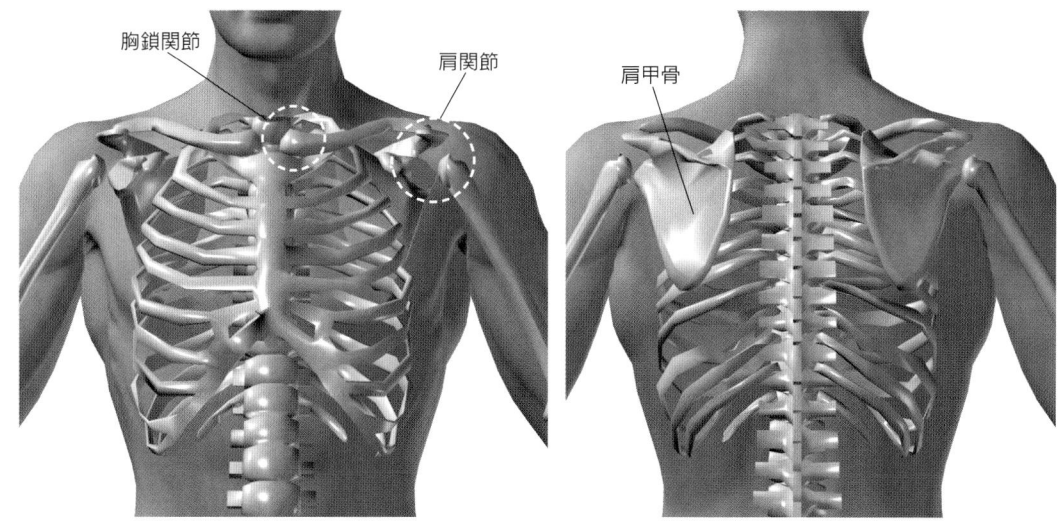

図7 胸鎖関節についている腕
　腕は肩についているのではなく、鎖骨の付け根の胸鎖関節から始まっている。そのため、胸鎖関節と肩甲骨が柔らかく動く必要がある。（小山田良治作図）

drill 2

「前へならえ」をしてみよう──腕を伸ばすには

　ためしに両腕を「前へならえ」のように前にあげてみてください。ここで、「手の位置はもっと前に出るはずですよ」、といわれたら、みなさんはどうするでしょうか。

　腕は、肩からではなく胸鎖関節から始まっています。ですから、胸元の胸鎖関節から腕を前に伸ばすと、肩関節の位置自体が前に出て、その結果、手の位置が前に出ます（図8）。

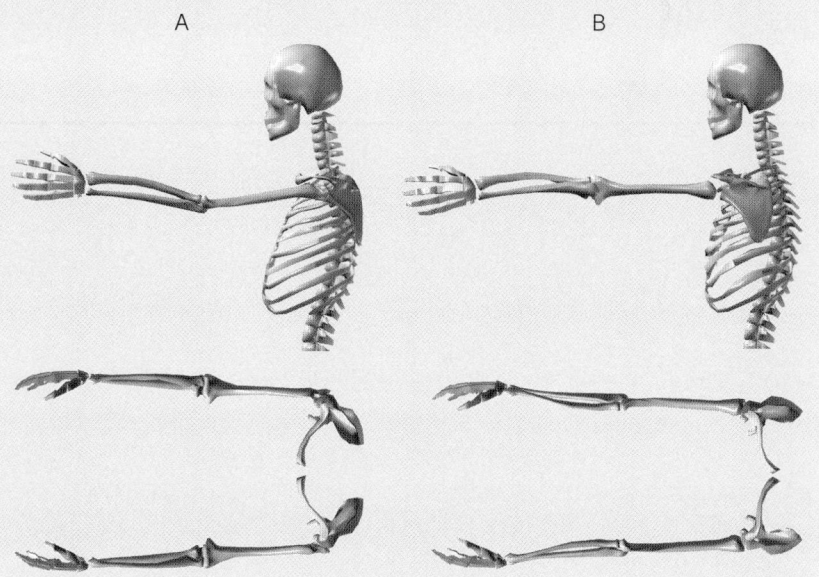

図8 腕の伸ばし方によって異なるリーチの長さ
　図Aは、肩甲骨と胸鎖関節を使っていない「前へならえ」。Bは、肩甲骨と胸鎖関節を使った「前へならえ」。Bの方がリーチが長くなる。（小山田良治作図）

知っておこう 1　スナップスローの習得にも有効な「グローブの芯をつくる」作業

買ったばかりのグローブはとても硬く、そのままではうまくキャッチングすることはできません。それを自分の手になじませて自分だけのグローブにしていくことは、野球選手にとって重要なことであり、また楽しみの一つでもあります。

グローブを手になじませる方法はいろいろありますが、ボールをグローブの芯に当てることもその一つです。ボールを主に捕球する部位にボールを投げる作業を何回も繰り返し行い、グローブを軟らかくします。この作業を「グローブの芯をつくる」といいます。

実は、このグローブの芯をつくる作業がスナップスローの習得にはとても有効と思われます。グローブにボールを当てる（グローブにボールを投げて、そのボールをグローブから投げた手に返す）、小さな動作でピュッとボールをリリースし、それをグローブで受け止め素早く持ちかえる、という動作はまさにスナップスローの基本ともいえるものです。

伸びていく選手は、グローブやスパイクなどの道具を大事にします。丹念につくったグローブを粗末にする選手などいません。もし「グローブを大切に扱いなさい」と注意されたならば、もう一度、自分の日頃の考え方、行動、練習を見直さなければなりません。

（土橋恵秀）

胸鎖関節が柔らかく動くと、それに連動して、肩甲骨（図7の右図参照）も動きます。肩甲骨、肩関節、胸鎖関節あたりを総称して肩甲帯といいます。肩甲骨、肩関節、胸鎖関節の動きを互いに連動させて考えるのが基本です。腕は肩からではなく胸鎖関節から始まっている、ということが理解できたら、動きが変わってきます。

投げ動作のなかで、胸鎖関節や肩甲骨が柔らかく使えるようになると、しなるような腕の動きができるようになります（図5参照）。胸鎖関節、肩甲骨などの肩甲帯のゆるみで、腕の振りからリリースにともなって、肩の位置が前に出てきます。この肩の動きを、「肩を飛ばす」という言い方をすることもあります。

2-3　腕の筋力を高めればボールは速くなるのか

腕の始まりは胸鎖関節で、そこから末端に向かって順に、肩関節、肘関節、手首関節となります。ボールを投げる際には、これらの関節が自然に動くように力を抜くことが大事です。決して1本の棒のようにならないようにしなければなりません。

投球動作のように、からだの末端部分の速度を大きくする場合には、からだ

の中心部分（体幹部分）や下肢で生み出された運動エネルギーを、肩周辺部、肘関節、手首関節、そしてボールへと伝えていくことが重要となります。ですから、腕の筋力を高めさえすれば速いボールが投げられるということにはなりません。肩や肘にグッと力を入れなくとも、下肢や体幹のエネルギーをしっかりと伝達できればボールに強い力を加えることができ、速いボールを投げることにつながります。逆にまったく力感がなくて、フニャッと柔らかすぎても、うまくエネルギーは伝わらないため、速いボールにはなりません。

2-4　ボールを握るときに働く短い筋肉と長い筋肉

　みなさんは、手の指を曲げたり伸ばしたりする筋肉は、指や手のひらについていると思っていませんか。指を動かす筋肉がどのようについているかを知っておくことは、野球選手にとってとても大切です。

　手の指を動かす筋肉には、短くて小さい筋肉と、長くて大きい筋肉の二つがあります。小さい筋肉は、手のひらと指の間をまたいでついています。たとえば、拇指内転筋（図9）は、親指（拇指）を手のひらに近づけるときに働きます。ボールを握るときにもこの筋肉が働いています。その他にも、手のひらと指をつなぐ短い筋肉があります。

　一方、長い筋肉は前腕部にあって、手首をまたいで指についています。たとえば、手のひら側に浅指屈筋（図10）という長い筋肉があり、この筋肉の末端部は、手首をまたいで親指以外の4本の指についています。この筋肉によって、指を曲げ、手首を手のひら側に曲げます。

　この筋肉の肘に近い部分をみてください。肘の関節をまたいで上腕の骨の末端についています。浅指屈筋は、手指・手首・肘の三つの関節運動に関わっている筋肉なのです。

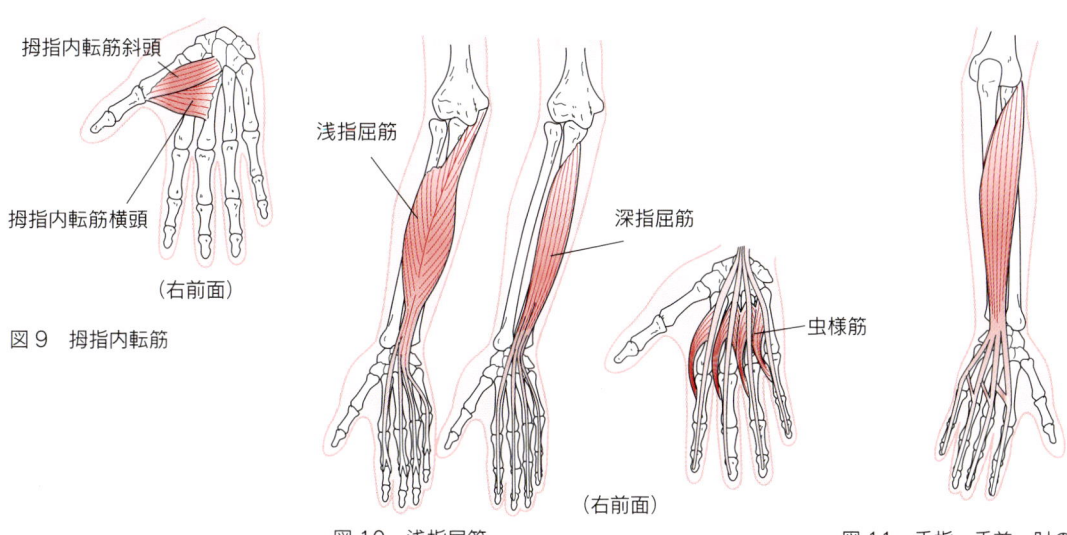

図9　拇指内転筋

図10　浅指屈筋

図11　手指・手首・肘の三つの関節運動に関わっている総指伸筋

前腕の手の甲側にも総指伸筋という長い筋肉があります（図11）。この筋肉の末端部は、手首をまたいで、親指以外の4本の指についています。手首を反らしたり、手指を伸ばしたりします。そして、この筋肉も肘の関節をまたいで上腕の骨の末端についています。つまり、手指・手首・肘の三つの関節運動に関わっている筋肉なのです。

ドリル1で、手をぎゅっと握って投げ動作を行うと、手首も肘も硬くなって、腕のしなりが起きないことを体験しましたが、これは、短い筋肉は働くだけでなく、浅指屈筋、総指伸筋などの長い筋肉も働いて、手首や肘関節を固めてしまうからだったのです。肘に力みが入ると、肩の力で無理に肘を動かそうとするため、肩にも負担がかかります。末端の手を緊張させると、手首、肘、肩まで緊張させてしまいます。隣り合った関節が互いに影響を及ぼし合います。

* たとえば、フォークボールでは、2本の指ではさむ力が必要ですが、このとき肘に力が入りやすく、肩および肘に負担がかかることがあります。

2-5　肩の位置と上腕の外旋

野球選手は、「脇をあけるな」「脇をしめろ」とよくいわれます。野球の指導書にも、投手が振りかぶるときは脇をしめるようにする、ということが書かれています。同じことはバッティングの指導においてもよく指摘され、練習法としてタオルを脇に挟んでスウィングをする、といった指導も行われます。

イチロー選手が、バッターボックスに入ったとき、かならず右腕を伸ばしてバットを立てるルーチンワーク（毎回決まって同じ動作を行うこと）を行います。あの動作には、上腕を外旋させ、前腕を回内させた上肢のポジションを確認するという意味があるものと著者（小田）は考えています。実は、この上腕の外旋と前腕の回内は、投げ動作にも関係してきます。

drill 3　「前へならえ」で上腕の外旋を確認してみよう

その場で、何も意識せずに「前へならえ」をして、肘をみてください。肘の屈曲部位は上を向いているでしょうか、それとも斜め内側を向いているでしょうか。次に、「前へならえ」で、腕を伸ばした状態から、肘をゆるめて曲げてみてください。肘が真上に曲がった人は、上腕が外旋しています（左の図）。肘が内側に曲がった人は、上腕が内旋しています（右の図）。

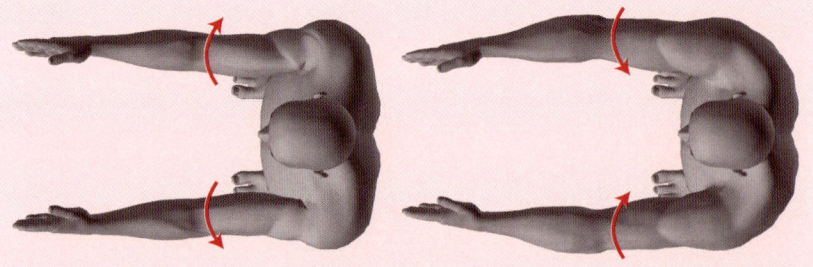

図12　上腕の外旋（左）と内旋（右）（小山田良治作図）

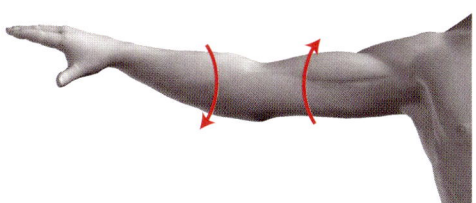

図13 上腕外旋、前腕回内
　イチロー選手は、バッターボックスに入ると、右腕を伸ばしてバットを立てる動作を行い、右腕の上腕の外旋、前腕の回内を確認している。(小山田良治作図)

＊　解剖学的には、本来、肩関節の外旋・内旋というべきですが、肩の内旋・外旋といってもどういう動きなのかイメージしにくいと思います。そこで本書では、上腕の外側旋回・内側旋回を上腕の内旋・外旋という言い方をします。

　外旋とは上腕を外側に回すことで、内旋とは上腕を内側に回すことです。前腕を外側に回すのは回外＊、内側に回すのは回内といいます。

　「前へならえ」をしたときに、上腕が外旋しているかどうか。自分のからだが野球をするのに適しているかどうかのチェックポイントとして、「前へならえ」を取り入れてみてください。

2-6　肩の位置が前にきていないか

　図14のいちばん左の人物の絵をよくみてください。胸が閉じて、肩の位置が前に出ています。この状態を前肩ということにします。胸を張ることに意識を置かないときには、姿勢が前肩になっている人が多いと思います。

　もう一度、ドリル3の「前へならえ」の図をみて、前肩の状態をつくって「前へならえ」をしてください。上腕は、内旋しているはずです。その状態が、ドリル3の右側の図です。前肩の姿勢と上腕内旋は、密接に結びついています。ドリル3の右側の図が前肩になっていることを確認してください。

　図14の真ん中の図をみてください。この位置に肩がある姿勢を、ニュートラルということにします。何も意識を置かないときに、このような姿勢になっていれば理想的です。

　ニュートラルの肩の位置から、「前へならえ」をしてみてください。ドリル3の左側の図のように、上腕は外旋になっていると思います。上腕の外旋は、

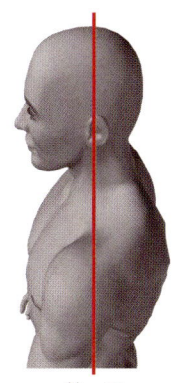
前　肩

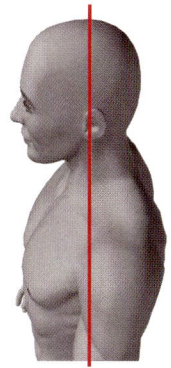
ニュートラル

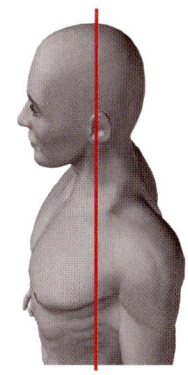
引　肩

図14　肩の位置の三つのタイプ
(小山田良治作図)

ニュートラルの肩の位置と密接に関係しているのです。ドリル3の左側の図の肩の位置が、ニュートラルになっていることを確認してください。

　図14のいちばん右側の肩の状態を、前肩に対して引肩(ひきかた)とよぶことにします。左右の肩甲骨を互いに引き寄せるように緊張させ、肩の位置がつり上がっています。胸を極度に張って、背中を閉じた状態です。

　この緊張姿勢では、肩に力みが入ってしまうので、胸鎖関節を使って肩を前に飛ばす、しなやかな投げ動作はできません。投球腕がトップにきたときの胸の張りを意識して、引肩にして力んでしまうのは、要注意です。胸の張りは、腕を引く感覚でつくるのではなく、体重移動から前足の踏み込みにかけて、からだ（体幹）を前に進めることで、腕が後ろに残ります。このことによって、自然にできるものです。

　では、ここからいよいよ、腕のしなりを生み出す腕の使い方のドリルに移ります。

drill 4

腕のしなりを生み出そう──肘を中心に円を描く

　右投げの人は、右前腕を、右肘を支点にして円を描くように回してみてください。まず反時計まわりに回します（内回し）。左投げの人は、左前腕を、左肘を支点にして、時計まわりに回します（内回し）。

　この回し方では肘を支点にして、前腕の回内と肘の伸展が主な目的となります。ボールを投げる瞬間、私たちは意識をすることなく前腕を回内させています。この練習はリリース時に起こる前腕の回内の動きをあえて強調したものです。

　手や腕をリラックスさせ「ブルッ」と手を振るようにしてみてください。柔らかく、そして末端を走らせるようなイメージをこの動作からつくります。円を描く動きが大きくなると、上腕の内旋の動きも加わります。全体の動きを協調させて行ってください。

　次は逆回し（外回し）です。イメージとしては西部劇などでカウボーイがロープを回しているようすを想像してみてください（図15）。軽く肘を曲げ、肘を支点にして前腕を円を描くように回しましょう。手首には力を入れずにフリーにしておきます。この回転により肘の屈曲・伸展の動作が自然と起こるはずです。この動作も円運動を大きくすると上腕の外旋の動きをともないます。

図15　肘を支点にして前腕を回す

このドリルでは、あえて前腕の回外を強調してください。すると上腕の外旋運動も意識しやすくなります。この動きから投げ動作のイメージをつかんでいければ、目的を達したことになります。

両方向の円を描く動作については、あくまでも力を抜いた状態で柔らかく腕を動かすことが大切です。まずは小さく、そしてだんだんと大きな円を描くように動かします。そしてこの円の軌道から、上腕の内旋→外旋、前腕の回外→回内につなげていきます。

2-7　体温計を振ってみよう

スナップスローのイメージを膨らますためのいい練習法があります。それは、水銀体温計を使って行うものです（図16）。

水銀体温計を柔らかく振るときには、からだの中心から末端にかけての運動連鎖の動き、つまり末端の加速度を最大にしようという動きを利用します。これは、スナップスローととても似通ったものです。

著者（土橋）たちが小学生に野球の指導をしていたなかで驚いたのは、体温計を振ってもらおうとしたとき、子どもたちには体温計を振るという概念がないことでした。現在では体温計のほとんどがデジタルになっているため、今の子どもたちは水銀体温計を使ったことがないからです。なかには、まるでキツツキが木に穴をあけるようにまっすぐ振る子もいました。

著者たちは、野球だけでなく、スポーツの動作のヒントを日常の生活動作に求めるのはよいことだと思っています。さらに、日常生活のなかでの自分の体幹姿勢や肩の位置などが、スポーツと大いに関係するのです。

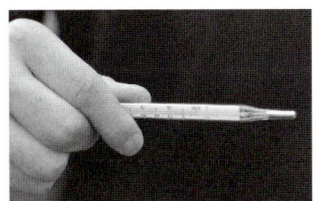

図16　スナップスローに似た水銀体温計を振る動作

知っておこう 2　投げ動作に大きな影響を与える筋肉は？

近年、肩の柔軟性が重要視されるようになり、肩関節や肩甲骨周りを自由に動かせるようにするためのトレーニングが注目を集めています。ここでは、肩関節周りを自由に動かせるようにするためのヒントを探ってみます。

まず、肩関節は、上腕骨と肩甲骨によって構成され、全身の関節のなかで最も大きな可動域をもっています。肩関節の役目は、上腕骨を動かすことです。たとえば、手をあげる動作では、肩関節だけでは図17のように斜め横ぐらいまでしかあげることができませんが、肩甲帯（けんこうたい）の作用、つまり胸鎖関節（きょうさ）と肩甲骨を動かすことで、図18のように真上まであげることができるようになります。

肩の回旋運動でみてみると、肩関節だけでは図19ぐらいの範囲しか動きませんが、肩甲帯の作用を加えると図20のように可動域が拡がります。肩関節は、肩甲帯の作用により約2倍の可動域を得ることができるのです。

では、肩甲帯とは何なのでしょうか。また、肩甲骨を自由に動かすためにはどうすればよいのでしょうか。

肩甲骨は肩鎖関節（けんさ）を介して鎖骨とつながり、鎖骨は胸鎖関節を介して胸骨とつながっています。これを肩甲帯といいます（図21）。

たとえば、右手で左鎖骨に触れた状態で、左肩甲骨を動かしてみてください。鎖骨と肩甲骨が連動して動いているのが確認できたでしょうか。鎖骨は胸鎖関節で体幹部とつながっているので、肩甲骨の動きは胸鎖関節を支点にした鎖骨による動きと

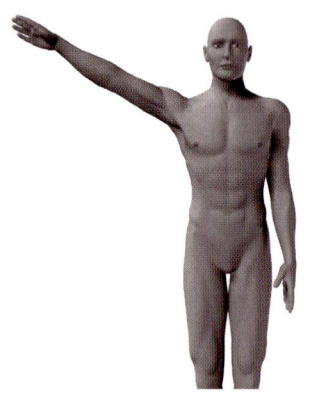

図17　肩関節のみによる挙上

図18　肩甲帯も含めた挙上

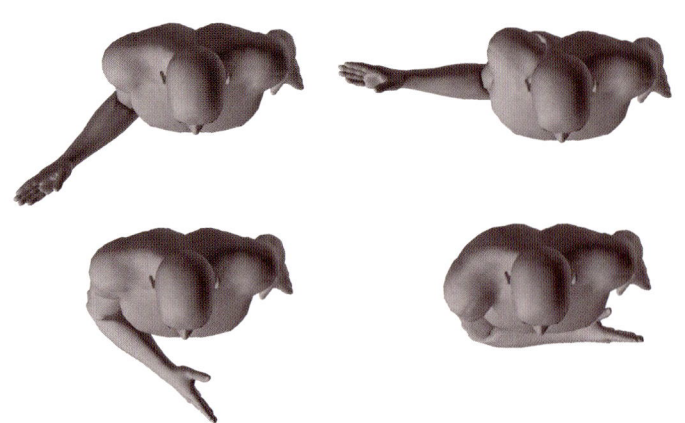

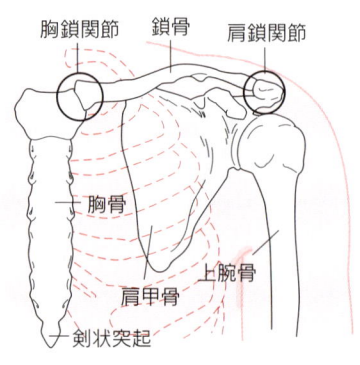

図19　肩関節のみによる回旋運動　　図20　肩甲帯も含めた回旋運動　　図21　肩甲帯

表1 鎖骨に付着する筋肉とその働き

	名　称	働　　き
鎖骨を起始とする筋肉	胸鎖乳突筋	片側が作用すれば頸部が同側へ傾き、顔面は反対側の上方を向く。両側が作用すれば、頭部・顔面は前方へ傾く。
	三角筋	上腕の外転および水平挙上。
	大胸筋	上腕の内転および内旋。挙上された上腕を引き下げる。上腕を固定すると、胸部・肋骨を引き上げて吸気作用の補助をする。
鎖骨を停止とする筋肉	鎖骨下筋	鎖骨を下方へ引きつける。上腕の強い運動では、鎖骨が過度に引っ張られないように固定し、胸鎖関節の脱臼を防ぐ。
	僧帽筋	肩部の上下運動。肩甲骨を後方へ引く。

いえるでしょう。肩甲骨をうまく動かせない人は、鎖骨を動かしてみると意外に動かせるようになるかもしれません。

表1は、鎖骨に付着する筋肉とその働きを示したものです。このなかで、鎖骨と上腕骨をつなぐ筋肉は三角筋と大胸筋です。三角筋の作用と大胸筋の作用の一部は拮抗関係にあります。両者の力を比較すると大胸筋の方が強く、大胸筋が収縮すると三角筋は緊張し、大胸筋がさらに収縮すると緊張した三角筋は引き伸ばされ痛みを感じます。

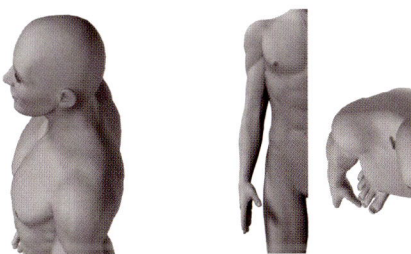

図22　ニュートラルな肩の位置

投げ動作などによる筋疲労から起こる胸部の筋収縮によって、肩の位置が図23のように前になったままになってしまうことがあります。この位置で、肩関節に外旋の力を加えても、図24の位置までしか動きません。この状態で投げ動作を繰り返したときに、痛みや違和感を覚えるのは、胸部ではなく三角筋や肩部の後面、あるいは肘関節です。

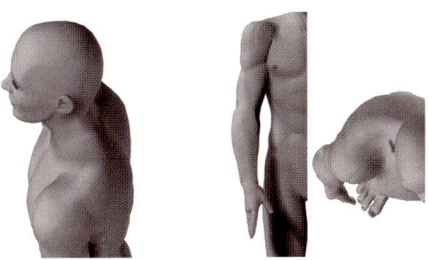

図23　大胸筋が収縮した肩の位置（前肩）

胸部の筋肉は、胸鎖関節の動きに大きな影響を与え、その影響は上腕の動きにも反映します。つまり、胸鎖関節の可動域を維持するためには、胸部のストレッチなども重要になってきます。

表2　大胸筋の起始・停止位置

起始	鎖骨部	鎖骨内側1/2
	胸骨部	胸骨と第2～7肋骨前面、第3～5肋軟骨深部
	腹直部	腹直筋鞘の上端
停止		上腕骨大結節稜

さらに、表2をみてください。これは大胸筋の起始・停止の位置を表したものです。ここで注目していただきたいのが、大胸筋の一部（腹直部）は腹直筋鞘に付着しているということです。腹筋の過剰な筋緊張も大胸筋に影響を与えることを頭に入れておきましょう。つまり、投げ動作などによる肩周辺や肘関節などの障害は、肩・肘だけの問題ではなく、体幹部も含めからだ全体の問題なのです。

（小山田良治）

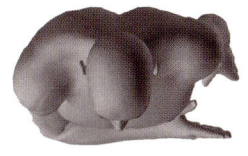

図24　大胸筋が収縮した肩位置での回旋運動の可動域

（図17～20、22～24 小山田良治作図）

drill 5 — 前腕の回外から回内、そしてリリースを体感しよう

ここではドリル4を発展させて、実際にボールを投げてみましょう。ここまでに行ってきた前腕の回外から回内への動作、カウボーイのようにして腕を回す円運動がしなりを生み出して投げる動作のヒントとなります。

カウボーイの円運動の動きのときと同様に、前腕の回外から回内への動作の意識をもって腕を振ってみてください。

図25　前腕の回外から回内へのイメージでの投げ動作

リストはピュッと前へ飛ぶようになったでしょうか。このような動作からボールをリリースすることによって、小さな動きで投げるコツをつかんでください。

手首を動かそうとするのではなく、前腕の回外から回内で腕を振るようにします。この動作によって前腕から手部に向かってのエネルギー伝達がうまく起こり、末端の手部が力感なく速く動きます。

リリースする際、いいボールを投げる選手の感覚では、ボールを「かく」、「きる」といった感覚ではなく、勝手にボールが指にかかってきれる感覚といったほうがいいかもしれません。指にかけようとするのではなく、自然と指にかかるということが重要です。「指先にボールを乗せる」くらいの感覚が生まれてくればしめたものです。

前腕の回外→回内をうまく使って手首を柔らかく利かせることにより、自然とボールが指にかかる感覚を感じ取ってみましょう。

3 知っておきたい「しなり」のこと

　前項でカウボーイのロープ回しのイメージや水銀体温計を振るイメージを用いて、腕をしならす動作の基本を練習してきました。ここからは、次の段階として、ドリルを行いながら知識を積み上げていきましょう。
　ここでは、肩甲骨（けんこうこつ）の使い方、上腕の外旋・内旋について説明し、実践していきます。

3-1　肩甲骨について知ろう

　腕は肩から始まるのではないことを、もう一度思い出しましょう。では、「体幹と腕の接合部はどこですか？」と聞かれたら、あなたは答えられるでしょうか。
　答えは、胸鎖関節（きょうさ）（図26）でしたね。体幹と上肢がつながる部分が胸鎖関節で、これは胸骨と鎖骨によって形づくられる関節です。
　では、胸鎖関節を前後・上下に動かしてみましょう。そのとき、背中側で肩甲骨も動いているのがわかるでしょうか。
　肩甲骨は胸郭（きょうかく）（あばら骨）の上に浮島のように浮いています。腕の始まりは、胸側でいえば胸鎖関節、背中側でいえば肩甲骨といえます。腕は、肩から始まっていると感じるのと、胸鎖関節・肩甲骨から始まっていると感じるのとでは、腕の動きは大きく異なってきます。
　上肢を使う動作を考えるときには、肩甲骨の役割を無視することはできませ

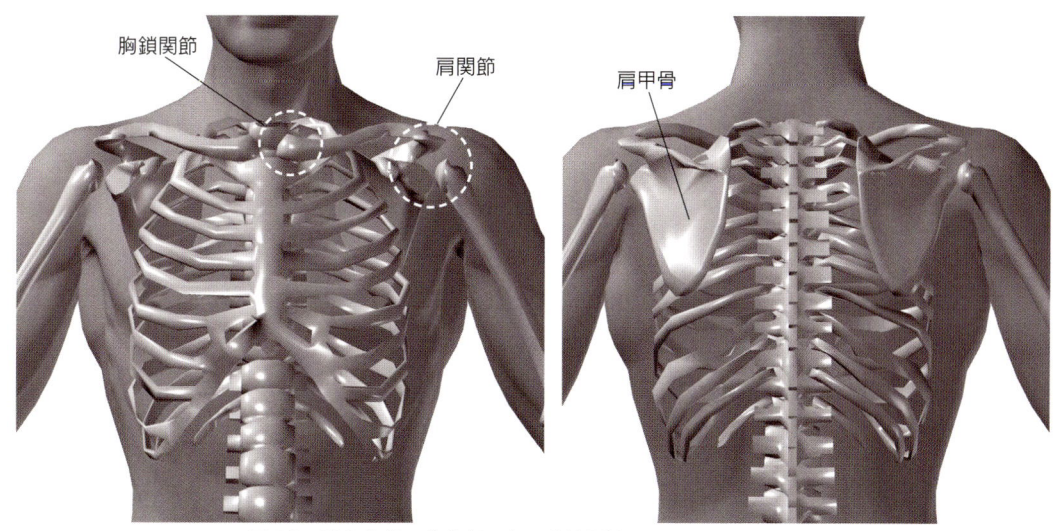

図26　腕と体幹の接合部である胸鎖関節　　　　　　　　　（小山田良治作図）

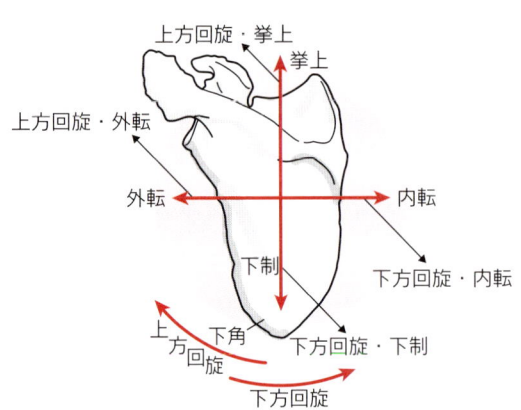

図27 肩甲骨の運動方向
　　　（左肩甲骨を背中側からみた図）

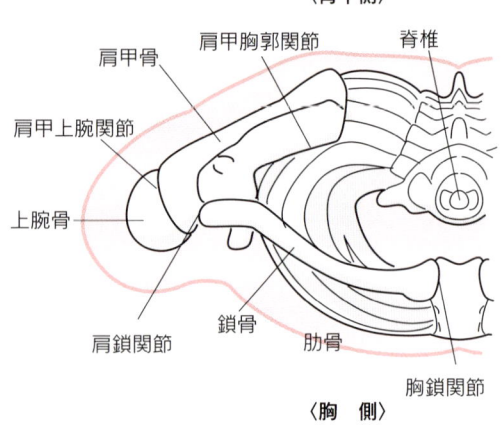

図28 上腕骨と肩甲骨からなる肩関節
　　　（右肩関節周辺を上からみた図）

ん。肩甲骨は図27のように三角形のような形をしており、肩鎖関節で鎖骨とつながっています。実際の動きのなかで鎖骨を意識するよりは、肩甲骨の動きを感じ取るほうがやさしいので、ここからは肩甲骨に着目して考えていきます。

肩甲骨は次のように、四方向にある程度の可動域をもっています。
　○外転……肩甲骨が脊柱から外側へ向かって離れていく動き。
　○内転……肩甲骨が脊柱方向に近づく、外転とは逆の動き。
　○挙上……肩甲骨を引き上げる動き、肩をすくめる等の動き。
　○下制……肩甲骨が下方に動く、肩を引き下げるときの動き。

これらの動きにさらに肩甲骨の回旋運動が加わります。この運動には、肩甲骨の下角が内側・下方へ向かっていく下方回旋と、肩甲骨の下角が外側・上方に向かっていく上方回旋の二つの動きがあります（図27）。この二つの回旋の動きも、肩甲骨を自由に動かすうえで非常に重要です。

肩関節とは、通常、上腕骨と肩甲骨からなる肩甲上腕関節（図28）のことをさします。腕は真上まであげられますが、実際に肩甲上腕関節で（上腕だけで）あげられる角度は約120度までです。それから上は、肩甲骨を動かしてあげているのです（この肩甲骨と胸郭との接続面を肩甲胸郭関節といいます。図28）。

肩甲上腕関節と肩甲胸郭関節の動きは密接に関連しており、腕をからだの真横にあげる動作（外転動作）の約2/3を肩甲上腕関節で、約1/3を肩甲胸郭関節で行っているといわれています。すなわち、腕を体側に垂らした状態から、外転30度までは、肩甲骨の共同運動なしに肩甲上腕関節だけであげることができます。しかし、それ以上の動きに際しては肩関節外転2度ごとに肩甲骨が1度ずつ上方回旋（回旋比率2：1）します（図29）。

たとえば、腕を地面と水平にあげたときには、上腕骨は肩甲骨に対して60度しかあがっておらず、残りの30度は肩甲骨そのものが傾いて（上方回旋）、

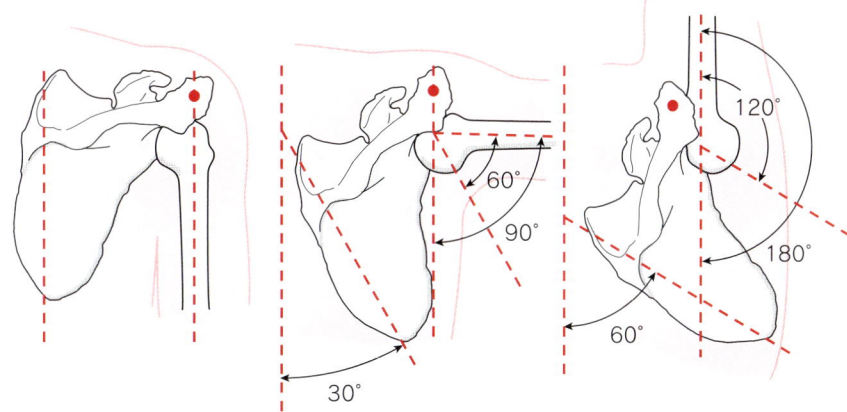

図29 腕をあげるときには、肩甲骨も動く（肩甲上腕リズム）

見かけ上、90度あがっているようにみえます。肩の挙上運動で、この2：1の割合が保たれていることが、肩のスムーズな動きには重要であるとされ、これを「肩甲上腕リズム」といいます。何らかの原因でこれが崩れると、腕があがりにくくなったり、力が入りにくくなったりします。

いくぶんむずかしい話になりましたが、要は、腕をあげる動作は、腕だけで行うものではなく、肩甲骨の動きをともなうものだということです。

3-2　肩甲骨を意識して使う

肩甲骨の可動性が低い選手は、肩甲骨の動きが不十分な状態で投げていることが考えられます。これは決してよいこととはいえません。

これまでの指導書では、肩甲骨の話題に触れてはいても、その具体的な使い方について書いてあるものはあまりないようです。からだの中心から末端に運動エネルギーを効率よく伝達させる投げ動作のための肩甲骨の使い方についてみていきましょう。それは、けがをしない（しにくい）動作にもつながってきます。

実際のマウンドに立ったら、肩甲骨を意識してはいけませんが、ドリルでは、まず意識して動かすことから始めましょう。それが自然にできるようになると、試合において、無意識で肩甲骨の動きをともなった上肢の動きが生まれます。意識して覚えて、最後は無意識でできるようにしましょう。

drill 6

肩甲骨を動かしてみよう

■肩甲骨だけを動かしてみよう

ドリル2を、肩甲骨に意識の焦点を当てて行います。その場で、「前へならえ」の姿勢をとってください。肩甲骨を動かして腕をさらに伸ばします。このとき、両腕の幅を肩幅に保ち、地面と平行にしたままにしておきます（図30）。からだを左右にひねらないことにも注意してください。この動作を行うことによって、まずは肩甲骨だけを動かす感覚を身につけていきます。

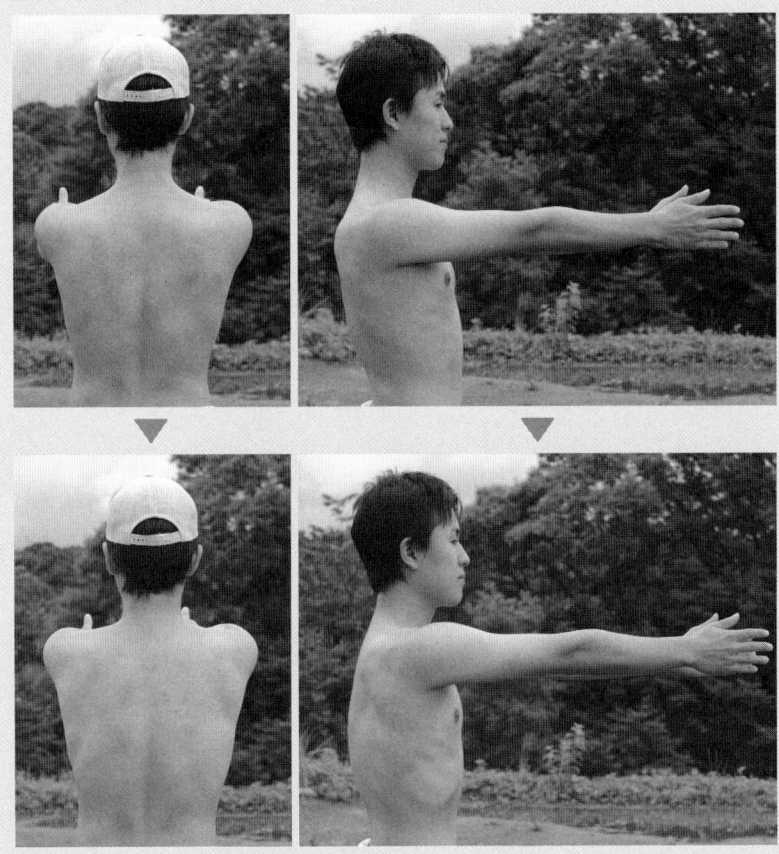

図30 「前へならえ」の姿勢で、肩甲骨を動かす
　「前へならえ」の姿勢（上の写真）から肩甲骨を前にもってきて（肩甲骨の外転）、さらに腕を伸ばす（下の写真）。

■肩甲骨の動きと肘の動きを連動させよう

次に、肘を引いて、前方にパンチを打つ動作を行います。パンチ動作で腕を前方に伸ばすときに、上で行ったように、肩甲骨を動かして、腕をなるべく遠くに伸ばす意識をもってください（図31）。

パンチ動作を、二人組で行うのもいいでしょう。一人が手のひらを広げ、的をつくってやや遠めにかまえ、もう一人がその的に手が届くようにパンチをします。

図31 肘の動きと連動させる練習
　　最後に肩甲骨が飛び、腕が伸び切る。

　このとき、背骨を軸にしてからだを回旋させてはいけません。つまり、非投球腕側（右パンチなら左、左パンチなら右）の肩を後ろに引かないように注意しましょう（図32）。力を伝える方向はあくまでも前であるというイメージをもつことです。
　慣れてきたら、徐々にスピードをあげていきます。ここで大事なことは、速くすればするほど、力を抜かなければならないということです。余分な力を抜

図32　非投球腕側の肩を後方に引いた悪い例

かないと、肩甲骨は十分に動いてくれません。

　この動作に慣れてくると、徐々に肩甲骨を動かそうとする意識は薄れていき、自然と動くようになります。選手によっては、肩甲骨を動かすときの感覚を「肩甲骨が飛んでいく」、「腕が伸びる」と表現します。「肩甲骨が飛んでいく」などといい出したら、その選手は、頭で肩甲骨の動きを意識的に考えなくても、感覚で肩甲骨の動きを感じ取れるようになっています。

3-3　なぜ腕をかいてはいけないのか

　みなさんのなかに、「腕をかいているぞ」、「腕が遠回りして出ているぞ」といわれたことがある人はいませんか。かく（ひっかく）動作とは、腕が遠回りしてしまう動作を指しますが、なぜ「かく」動作はよくないといわれるのでしょうか。

　著者（土橋）の考えを示しましょう。パフォーマンスの観点からは、「かく」動作をすると、腕が早く伸びきってしまい、その状態で腕を振り回すことになるため、エネルギーを末端にうまく伝達できなくなると考えられます。肘が早いタイミングで伸展してしまい、中心部から末端部へという運動の連鎖がうまくできなくなるのです。障害予防の観点からみると、自然な腕の振りに比べ、末端の前腕や手首などを使って無理に動きを補正するために、肘や肩に大きな負担がかかってしまうことが考えられます。

　「もっとからだの近くを肘が通るようにしなさい」、「耳の横から肘が出てくるようにしなさい」という表現で指導されることが多いのではないでしょうか。しかし、このようなことを愚直に意識して投げると、かえって投げづらくなってしまうことがあります。

　次に、かく動作を防止し、修正するためのドリルを行いましょう。

知っておこう ❸ 非投球腕の肩を引くって？

　2007年のプロ野球は、新時代の到来を予感させるシーズンでした。投手を中心に多くの若手選手が活躍しました。その一人が東北楽天ゴールデンイーグルスの田中将大投手（図33）です。キャンプ初日、野村克也監督が田中投手に指導したことは、投球腕とは反対側の左腕の使い方でした。

　福岡ソフトバンクホークスの和田毅投手（プロローグの図6）は大学時代、本書の著者・土橋と二人三脚で投球フォームを改造し、球速を向上させましたが、そのフォーム改造のポイントの一つに、非投球腕（左げの和田投手の場合は右腕）の使い方がありました。

　読者のなかには、監督・コーチから、「捕手側の肩の開きが早い」、「投球中、グローブはその腕の肩のところにもってこい」などと非投球腕の肩、腕の使い方を指導された経験のある人も多いことでしょう。指導現場においても非投球腕の肩、腕の使い方の重要性は認識されていますが、それは、非投球腕の肩・腕は、投球腕と体幹を通じてつながっているため、その動きが投球腕、さらにはそこから放たれるボールに影響すると理解されているからです。

　では、研究の世界ではどうでしょうか。残念ながら、最終的にボールに速度を与える投球腕についての研究は多いのですが、非投球腕についての研究は非常に数少ないのが現状です。

　その数少ない研究のなかに、非投球腕側の肩の動きが投球のパフォーマンスに影響を与えることを示したMurata（2001）の研究があります。その研究では、ステップ足（右投手なら左足）の接地からボールのリリースまでの非投球腕側の肩の動きが小さいほど、球速が高かったという結果が示されています。また、とくに技能レベルが低い投手は、一塁側、三塁側方向へ肩が大きく動くため、球速が低いことが明らかになりました。

　これは、非投球腕側の肩が投球腕の回転の中心（支点）になっていることを示しており、非投球腕側の肩、つまり回転の中心が肩の開きなどによってぶれると、投球腕の加速に悪影響を与えるということを示唆しています。

　投球動作の回転の中心を背骨（中心軸）ととらえている人も多いと思いますが、非投球腕の肩が回転動作の中心であると感じると、投げ動作が変わるかも知れません。

（土屋真司）

図33　東北楽天ゴールデンイーグルスの田中将大投手
（写真：ベースボール・マガジン社）

drill 7 かく動作を抑えよう

投球腕の手の中を上にして、地面と水平にあげます。そこから、肘を図34のように90度に屈曲させます。その状態から、肘を前方にまっすぐ突き出します。このときに、肘が外から内へ回って円運動をしないように注意します。それは、「かく動作」につながるからです。ドリル6で、拳(こぶし)で打っていたパンチを、今度は肘で打つイメージで行ってみるとよいかもしれません。

この動作は、正しい投げ動作のイメージをつくるためのドリルとして位置づけて行います。このドリルで重要なことは、力を抜くこと、そして、肘が外から内へ回る動きの意識を捨てることです。

肘の外側に壁があると仮定して、それに肘がぶつからないようにしながら、どちらかといえば内から外に出してやるくらいの意識をもってドリルを行うことで、外から内へのかく動作を抑えていきます。

この練習は、正しい動作を意識するために行うものです。肘がまっすぐに出る動きを強調すると、不自由を感じるかもしれませんが、その不自由さから少しずつ解放され、このドリルの意図することがわかったときには、きっとスムーズな腕の振りになっていることでしょう。

図34 かく動作を防止する練習
　肘でパンチを打つイメージで、まっすぐ肘を突き出す。肘を外から内へかかないようにまっすぐ前に出す。

この動作で力を入れようと意識すると、どうしても外から内へと運動をしたくなってしまいます。この意識のまま、実際に投げ動作をしてみると、腕がかく動作をしてしまい、ボールを引っかけるようなことにもなります（図35）。するとスローイングの強さや安定性も低くなり、また、腕がからだから離れるため、肩に負荷がかかってしまうことにもなります。

図35 肘を外から内へかいている悪い例

3-4 「しなり」を生み出す上腕の外旋と内旋

　投球腕の「しなり」は、どのようにして起きるのでしょうか。これは肩関節が外旋して、内旋に切り換わる動きを指します。この外旋→内旋は意識して形成されるものではなく、投球動作から自然と生み出されるものです。

　詳しい説明は後で述べるとして、簡単に説明すると、下肢の踏み込みや体幹の回旋の動きによって、投球腕の肩に対して前方（投球方向）への力がかかります。この前方への力がしなりを生み出すと考えてください。肩の筋力によって上腕を外旋させるのではなく、下肢や体幹をうまく使うことによって上腕を外旋させると、イメージすればいいでしょう。

　指導書などには「力を抜いてしなりをつくる」などと表現されているように、投球腕がトップの位置にきたときの胸の張りと同様、筋力（この場合は外旋筋力）によって、しなりがつくられるわけではありません。からだが前に出ていく動きのなかで、自然と外旋するのです（図36）。つまり、そうしようとするのではなく、結果としてそうなるのです。

　内旋に関しても、上腕の内旋を意識して内旋力を肩関節にかけるのではなく、体幹の動きで勝手に内旋力がかかるのがよい投げ方です。肩や肘に力を入れてしまうと、体幹の回旋から得られる肩の内旋力も有効に発揮されなくなってしまいます。バネの効果も、体幹の動きから肩の動きを起こす

図36　ダルビッシュ有投手（北海道日本ハムファイターズ）の投球腕のしなり
　　　　　　　　　　　　　　　　（写真：ベースボール・マガジン社）

こ␣とも、意識的に操作するのではなく、結果的にそうなる無意識的な動作ととらえましょう。そのように感じたほうが、動作がうまくいくはずです。

ドリル4の後半で、肩関節の外旋の動きをふまえた練習をしましたが、これをさらに発展させたものが次のドリル8です。

知っておこう 4　関節は筋肉の力だけで動くわけではないって？

関節は、筋肉の力だけで動くのではないということを、熟練した野球選手の投球腕の上腕外旋・内旋において示したHirashimaたち（2007）の研究があります（図37）。

その研究は、投球腕の上腕が肩関節で外旋していくときに、肩関節には外旋筋力ではなく、内旋筋力が発揮されていることを明らかにしました。つまり、しなり動作の外旋の動きは、上腕に外旋の力をかけて外旋させているのではないということです。目にみえる動きとしては外旋していても、目にみえない力は内旋力なのです。

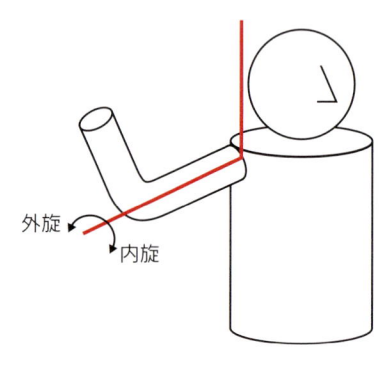

図37　上腕の外旋と内旋

内旋の力がかかるべきこのタイミングで、上腕を意識して外旋させることは好ましいことではありません。実際に外旋から内旋へと動きが切り替わるまで、この内旋筋群は引き伸ばされながら力を発揮している状態で、その後、上腕が内旋の動きに切り替わっていくと、内旋筋群は、短くなりながら力を発揮していきます。

さらに興味深いことにHirashimaたち（2007）は、上腕の内旋力は、内旋筋の筋力発揮によって起きる側面もあるものの、上腕の動きがトップに近づいて内旋から外旋に切り替わると、上腕には受動的に（勝手に）内旋力がかかることを具体的に数値で示しました。

この筋肉の力で起きるのではなく、受動的に働く内旋力は、肩関節の動きの手前で生じる体幹の回旋などの動きによって起きるものだと考えられます。関節の動きは、その関節に関わる筋肉の筋力発揮によってのみ生じると考えている人が多いと思います。しかし、その関節の手前の部分の動きの影響を受けて受動的に生じるということも覚えておきたいものです。からだではなかなか感じ取ることができないことを教えてくれるこのような研究は、野球をする人にすばらしい知恵を授けてくれます。

みなさん、その場で、投げ動作のトップの位置をつくって、肩に力をガチガチに入れて、体幹を回旋させてください。この状態だと、体幹が動いても、上腕の内旋運動は起きません。

こんどは、肩の力を抜いて体幹を回旋させてみてください。勝手に上腕が内旋して、腕がしなやかに振られることがわかると思います。

「力を抜いてしなりを起こす」という意味がおわかりいただけたでしょうか。

（小田伸午）

drill 8

✱ムチのようにしなる腕とは？——上腕の内・外旋のコツをつかもう

　まずは、図38のように投球腕を真横にあげ、肘が90度に屈曲した状態をつくります。その状態から自分でゆっくりと上腕の内旋・外旋運動を、限界近くまで試みてください。このように肘の位置を固定して、ゆっくりと弾みをつけないで上腕の内・外旋を行うと、窮屈な感じや、痛みを感じることもあるかもしれません。

　次に腕を脱力して、同じ位置から、ポンと弾みをつけるように肘を少し前に出します（図39）。この動作を「前方に肘を抜く」と表現しています。何となくニュアンスをつかんでもらえるでしょうか。この「肘を抜く」動作をすると同時に上腕の外旋が起き、ついで内旋が起きるような感じになります。

　肘を前方へ送らずにゆっくり行ったときよりも、楽に違和感もなく上腕の外旋・内旋を行えたのではないでしょうか。コツをつかむと、肘をポンと前方へ送ると同時に、自然に外旋の動きがよび起こされるようになります。肘を抜く（前方へ飛ばす）ことで生じた前腕の遅れ、これにより生み出される外旋の感覚を感じてください。慣れてくればクルクルッと内旋・外旋を連続して行うこともできます。何度も連続して行って、感覚をつかみましょう。

図38　上腕の内旋（上）と外旋（下）
　ゆっくりした速度で上腕の内旋・外旋を行う。肘の位置を固定して行うと、とくに外旋がきつい。

図39　しなりにつながる前方に肘を抜く動作
　肘を前に抜くことで内旋・外旋を自然と起こすことができ、この動作が腕の「しなり」につながる。肩の位置がニュートラルになっていることにも注目（ニュートラルについては、図14参照）。

図40 肘の前方への抜き

　このときの注意としては、肘を強く意識しすぎないことです。肘に力が入ってしまうと、動きが固くなり、腕を柔らかくしならせることがうまくできなくなるからです。腕の力を抜き、肘ではなく、ここでも肩甲骨の動きを意識して肘を抜くような感覚で行うと、よけいな力が抜けて腕をムチのようにしならせて使うことができるようになります（図40）。

　図14で示した、肩の位置も重要です。肘に力みが入る人は、肩が前肩の位置にきていることがよくあります。無意識のときのあなたの肩の位置が、ニュートラルになっていることが重要です。

4　知っておきたい一連の投げ動作のこと

4-1　投げ動作で実際に腕を振ってみよう

　これまでのドリルやさまざまな知識を得て、みなさんは、投げ動作をしてみたくて、ウズウズしているのではないでしょうか。それでは、今までやってきた分解動作をつなげて、投げ動作で実際に腕を振ってみましょう。

drill 9 これまでの動きをつなげて腕を振ってみよう

　ボールは持たずに、まず肘を抜いて（前方へ突き出して）上腕を外旋させ、その状態から内旋させると同時に肘を伸展させます（図41）。
　このように書くと、いかにも意識しながら動作をするように思う人がいるかもしれませんが、実際はからだに身についた感覚で自然にこの動きができるように、無意識で行います。さらに、腕を振る際に肩甲骨もポーンと前方へ移動させます。それは「肩甲骨を飛ばすような感覚」ともいえます。

図41　腕を振る練習法——肘の前方への抜き
　自然な上腕の外旋から内旋を経て、腕を前に伸ばす。かかないように注意し、力を完全に抜き切った状態で行う。

　図42は、ショートからのスローイング後、送球方向に腕がまっすぐに伸びた渡辺直人内野手（東北楽天ゴールデンイーグルス）の写真です。こうした場面をイメージするのも一つでしょう。このとき、腕が外から内へと円運動しないように（かく動作をしないように）注意してください（図43）。
　どうしてもうまくいかないときは、ドリル8の肘をまっすぐ前に飛ばす動作（どちらかというと内から外への意識）をもう一度確認してみてください。こうして、今までやってきたことを、一通り全体的な流れとして行ってみましょう。
　実際の投げ動作になると、どうしても腕の振りが遠回りして、かくような動作になってしまう人には、バレーボールのスパイクを打つイメージで腕を振るという手段もあります（図44）。バレーボールのスパイクのイメージをもつと、腕を縦に振る、まっすぐ振るイメージに変わります。初めのうちは大げさに、投げ終わった手が投球腕側の脚の太ももを叩くようなイメージをもって行い、徐々に自然と腕が振れるようにしていきましょう。

図42 腕のまっすぐ伸びた渡辺直人内野手（東北楽天ゴールデンイーグルス）のスローイング
（写真：ベースボール・マガジン社）

図43 腕をかく悪い例
腕が外から出てくるのがわかる。

図44 腕の振りがかく動作になる人のための練習法の一例
バレーボールのスパイクのイメージで行う。

3 知っておきたい「しなり」のこと　43

　さらに注意点があります。それは、体幹を回旋させたり、上体が突っ込んだりしないようにすることです。からだを回したり、非投球腕側を引いたりすることは、力をまっすぐ伝えることの妨げになります。

　腕がトップの位置にあるときに、上体が突っ込んでしまうと肩甲骨の動きが阻害され、上腕の外旋・内旋が起きにくくなってしまうため、柔らかく腕をしならせることができなくなってしまいます。このことにも注意して行ってください。

　その他にも、①肘が上腕外旋しやすい位置で抜けていくかどうか、②肩甲骨が動いている感覚があるかどうか、③上肢に無駄な力が入っていないかといったドリルであげてきたポイントを、実際の投げ動作のなかで確認していきましょう。

drill 10　反対の腕の動きもつけて投げてみよう

　ドリル9の延長として、ここでは、投球腕と反対の腕の動きもつけて、腕をしなやかに振って投げてみましょう（図45）。注意事項は、ドリル9とまったく同じです。腕をかいたりしないように注意しましょう（図46）。

　とくに、投球腕と反対の腕の動きをつけたときに、その腕を後方に引いたり、からだを開いたりしないことです。体幹の面が、まっすぐ前を向いたままのイメージで行います。

図45　反対の腕の動作もつけた投球腕の振り
　反対の腕の動きをつけて投球腕を振る。反対の腕を引いたり、からだを開いたり、腕をかいたりしないように注意する。

図 46　悪い例（左）とよい例（右）
腕がからだから離れると、その分負荷も大きくなり、かく動作となってしまう。

4-2　ボールを投げ込んで感覚をつかむ

　ここまでのドリルは、すべてボールを持たずに行うものでした。ここまでのことができれば、投げる動作における投球腕の使い方がある程度イメージできたのではないでしょうか。後は実際にここまでの感覚を思い出しながら、ボールを投げ込んでみてください。

　シャドーピッチングや、ボールを投げるまねをするときはうまくできるのに、実際にボールを投げるとなるとまったくの別の動きになってしまう、という話をよく聞きます。

　ここで、こんな言葉を紹介したいと思います。「細胞が覚えるまでやれ！」これは、現役時代に巨人で名ショートとして活躍し、また、監督として西武ライオンズ、ヤクルトスワローズを優勝に導いた広岡達朗氏の言葉です。技術を習得するにはちょっとやそっとの練習ではだめだぞ、並大抵の反復回数ではだめだぞ、ということが伝わってきます。まさに、細胞が覚えて無意識にからだが動くようになったとき、安定した、スムーズなスローイングができるのだと思います。さぁ頑張っていきましょう！

4-3　スナップスロー時の捕球動作

　ここでは、本書でいうスナップスローを完成させるため、捕球動作、ボールの持ち替えなどについて考えていきます（図47）。

　みなさんは、キャッチボールでボールをキャッチングする際、「必ずボールの正面に入って捕る」、「からだの中心でボールを捕る」、「胸の前で捕る」といった指導を受けたことがありませんか。

　指導書にも「ボールに対してからだを移動して正面で捕球する」とあります。からだを移動して正面で捕球することは、捕球姿勢を安定させる意味もありますが、捕球後素早く投球動作に移る際にも重要です。からだから離れた位置でキャッチングしてしまうと、ボールの持ち替えのときに右手と左手の連動がうまくいかなくなることが多いため、結果的にスムーズな動作にはなりません。

図47 捕球、ボールの持ち替え、送球動作の流れ

しかし、からだの正面でボールを捕ることにより、両手の間でボールを受け渡す作業がスムーズになります。

さらにキャッチングする際には、「両手で捕る」ことが大切です。確実に捕球し、ボールの勢いを抑えるために、両手で捕ることが重要であると思われていますが、ボールの受け渡しを素早く行うという理由も見落とせません。捕球動作はスローイングへつなげるためにも大切な要素なのです。それはまさにキャッチボールの基本であるといえるでしょう。

ボールを素早く持ち替えるためには捕球時の体勢だけでなく、捕球の仕方、グローブの使い方にも気をつけなければなりません。グローブの使い方にまで言及した指導書は多くはありませんが、「太刀とりの要領でグローブを縦に構える」、「脇を締めてグローブを立てる」などと記述されています（図48）。

グローブを縦に使う理由については、二つあります。一つは、「ボールの勢いをしっかりと受け止める」ため、もう一つは、「ボールを持ち替える動作につなげる」ためです。

脇を締めてグローブを立てて捕球し、その状態から投球腕側に小指からグローブを返すと、両肩のラインは水平のままでボールを持ち替えることができます。脇を開いてグローブを横にした状態でボールを持ち替えると（図49）、投球腕側の肩が下がってしまい、次の投げ動作に移るのが遅くなります。

グローブの使い方でその後のスローイングの動作も変わるということは、知っておきたいことです。基本といわれるキャッチボールの動作には、重要なポ

図48 グローブを立てた捕球から、ボールを持ち替えるよい例

図49 脇を開いてグローブを横にした状態でボールを持ち替える悪い例

イントがたくさん詰まっているものだと改めて感心させられます。

　ボールの持ち替えをさらに素早くするために、「グローブを面のようにして使う」、「板のようにして使う」という指導を受けたことはありませんか。

　グローブがもしボールを包んでしまうような丸い形をしていると、ボールを持ち替えるときに、とっさにボールをつかむことができません。グローブを板のように使うという表現はいき過ぎかと思われますが、平べったい面のイメージでグローブを使えば、ボールはこぼれ落ちそうになるものの、その分持ち替えは早くできるようになります。ボールがこぼれ落ちないようにするためにも、両手で捕るということが重要になってくるのです。

　まとめると、グローブを板のように使い、当てるようにしてボールを捕る、そのままグローブ側の手首を柔らかく返して、素早く投球側にボールを受け渡す。これがスナップスローにおけるボールの持ち替えです。

　捕球するタイミングのとり方は、「足を出して」、「自然と歩きながら」などと表現されることが多いようです。飛んできたボールを受け止めるためには、タイミング、リズムをしっかりととることが重要なことは想像に難くありません。そのタイミングについては、「足を踏み出す」、「歩くように」というように、下肢に注目して動作を行うとうまくいくことが多いようです（図50）。グローブだけでボールを捕りにいくのは、あまり奨められる動きとはいえないでしょう。このような動きを経て、素早く投げる動作を行うのがスナップスローです。

図50 捕球のタイミングのとり方
足を踏み出して、歩くように捕球するのもタイミングをとるための練習法となる。

■参考図書・論文
○堺　章・河野邦雄『解剖学』医歯薬出版、1985
○寺島俊雄『解剖学講義ノート』（系統解剖学篇2007年度版）
○Murata A. Shoulder joint movement of the non-throwing arm during baseball pitch - comparison between skilled and unskilled pitchers. Journal of Biomechanics 34 (12): 1643 - 1647, 2001.
○佐野真『和田の130キロ台はなぜ打ちにくいか』講談社新書、2005
○Hirashima M. et al.: Control of 3D limb dynamics in unconstrained overarm throws of different speeds performed by skilled baseball players. Journal of Neurophysiology 97: 680 - 691, 2007.
○Matsuo et al.: Comparison of kinematic and temporal parameters between different pitch velocity groups. Journal of Applied Biomechanics 17 (1) : 1 - 13, 2001.
○Shouchen Dun et al.: The relationship between age and baseball pitching kinematics in professional baseball pitchers. Journal of Biomechanics 40 (2): 265 - 270, 2007.

知っておこう 5　ベテランの味って？

　大リーグで奪三振王として有名なノーラン・ライアン投手は46歳まで現役を続け、40歳を超えても150kmを超えるボールを投げていました。日本でも、元ロッテ・オリオンズの村田兆治投手が40代になっても剛速球を投げていました。このほか、山本昌投手（中日ドラゴンズ、図51）や工藤公康投手などが活躍しています。

　一般的に体力は20歳前後を頂点に、それ以降は低下するといわれています。では、なぜ彼らは体力的にはピークを大きく過ぎたと思われる年齢で、若手選手に劣らない投球ができた（る）のでしょうか。

図51　中日ドラゴンズ・山本昌投手
（写真：ベースボール・マガジン社）

　その疑問に対する答えの一つとして、ベテランといわれる投手たちはたゆまぬトレーニングによって、筋力の低下を抑えていることがあげられるでしょう。そして、また体力の低下を補う投球テクニックがあることも見逃せません。

　ベテラン投手の投球テクニックの高さを示唆した、以下のような研究が発表されています。

　Shouchen Dunたち（2007）は、アメリカのプロ野球投手67名の投球を調査し、27歳以上の10名（平均29.5歳）をOlder群、20.4歳未満の12名（平均19.7歳）をYounger群に分類し、Older群とYounger群の投球を比較しました。その結果、最大外旋角度、リリース時の体幹の前方への傾き角度に大きな違い（ともにYounger群が大）がみられました。

　この二つの項目は、球速の速い群と遅い群との比較をしたMatsuoたち（2001）の以前の研究で、球速に影響するとされた項目であり、二つの角度が大きければ球速が速くなるという結果が報告されていました。しかし、Shouchen Dunたちの研究ではYounger群のほうが二つの角度がともに大きかったにもかかわらず、Younger群とOlder群で球速に違いがみられませんでした。

　つまり、Older群では高い投球テクニックにより、球速に影響を与える動きが低下しても、コーディネーション（神経と筋肉の協調）によってそれを補っている可能性が示唆されました。また、上記のような投球テクニックだけでなく、長年の経験が蓄積された、配球・間合いなどの駆け引きの上手さもベテラン投手の秀でたところでしょう。

　みなさんのなかには、TV中継の投球スローモーションや雑誌などに掲載されている投球フォームの連続写真を参考にしようとする人もいるかと思います。こうしたときには、剛球投手や鋭い変化球を持つ投手の投球フォームを参考にしたくなりがちです。しかし、そればかりではなく、ベテラン投手の投球フォームや投球術を参考にしてみるのもいいかもしれません。そうすると、今までみえなかったベテラン投手の「匠の技」がみえてくるかもしれません。

（土屋真司）

第2章
体幹について知ろう

1 知っておきたい「体幹」のこと

1-1 体幹とは？

　みなさんは体幹とは、からだのどこの部分を指すと思いますか。改めて考えると、少し戸惑ってしまうのではないでしょうか。骨盤を体幹と捉える人もいるでしょうし、首も体幹の一部と捉える人もいるかもしれません。体幹といわれれば、およその見当はつくと思いますが、そのイメージが誰でも同じかというと、どうやら個人差があるようです。

　体幹という言葉を医学系の本で調べると、「頭部と四肢（手足）を除いた身体部分。骨盤、脊柱、腹部、胸郭、頸部（首）からなる」とあります。さらに、その部分の筋について考えると、体幹筋は、体幹腹部の前体幹筋（頸部の筋・胸部の筋・腹部の筋）と、体幹背部の後体幹筋（背部の筋のみ）という分け方がされることもあります。

　医学的な視点では、体幹とは、頭部と四肢（手足）を除いた頸部から骨盤までの部分という捉え方ができそうです。

1-2 投げ動作における体幹

　野球の指導書には、体幹についてどのように書かれているでしょうか。「ピッチングの際に、下肢からスタートして上腕を加速してボールをリリースするには、下肢と上肢をつなぐ体幹の強化が不可欠な要素である」、「腕を振るときに体幹が安定していることが重要」などと記述されています。

　体幹の役割としては、下肢で起こしたエネルギーを上肢に伝えること、体幹自身の動きでエネルギーをつくり出すことの二つがあげられるでしょう。

　投げ動作における体幹の動きというと、体幹のねじれを思い浮かべる人も多いのではないでしょうか。動作感覚として、ねじるのがいいのか、ねじらないほうがいいのかは個人の感覚、個性の問題ですから、どちらが正しいということはできません。動作感覚の話である以上、個人によって違うのは当然です。そもそも、ねじるという意味を、「腰が先に回って、それより一瞬遅れて肩が回る」ことだと感じている選手もいれば、たんに、「肩や腰が回旋する動き」を指している場合もあります。

　「体幹をねじる」という言い方をすると、人によってイメージがまちまちで誤解が生じると思われますので、本書では、図1に示したような体幹の動きを回旋と捉え、体幹下部の回旋を「腰を回す」、あるいは「骨盤を回す」ということにし、体幹上部の回旋を「肩を回す」ということにします。

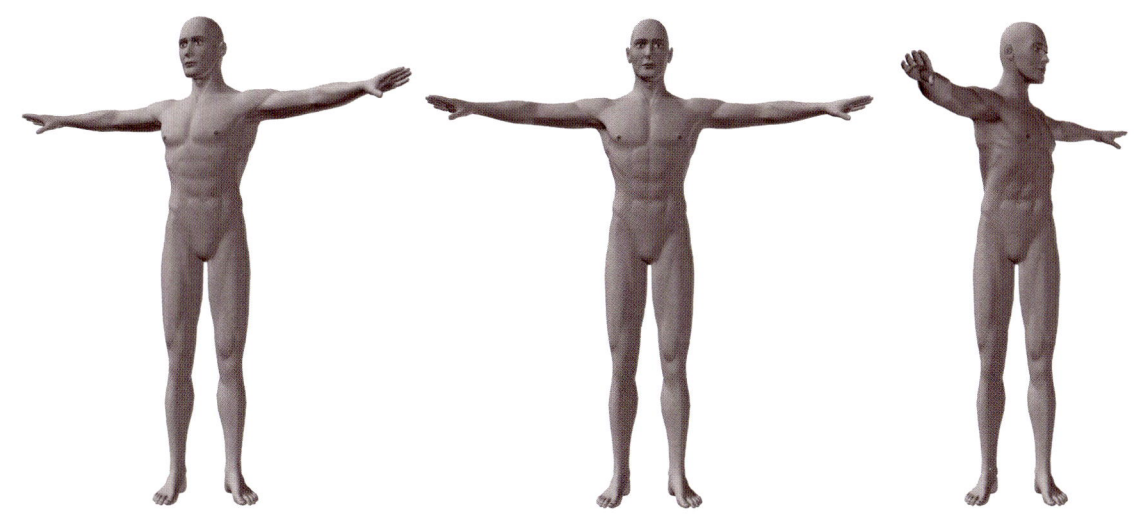

図1 体幹の回旋
本書では体幹の回旋を、腰と肩の回旋と捉えている。（小山田良治作図）

1-3　なぜ腰は回るのだろう

　まずは、体幹の下部、つまり腰（骨盤）を回してみましょう。みなさんは、腰を回すときには、背骨の腰の部分、つまり腰椎が回転すると思っていませんか。

　解剖書によると、腰椎の一分節は、左右回旋方向の片側に1度ずつの可動域をもち、腰椎全体（5つ）の回旋角度は左右にそれぞれ5度ずつと出ています。腰椎の回旋は片側に5度しか回らないのです。したがって、腰の回旋は、腰椎の回旋の動きで起きるのではないのです（図2）。

　両足で地面に立った状態で腰を回す場合を考えてみましょう。腰が回るとは、骨盤が回ることです。腰椎がほとんど回転しないのであれば、骨盤の回旋は、どこで起きるのでしょうか。

　骨盤の回旋は、実は骨盤を支えている左右の股関節の外旋と内旋の動きによ

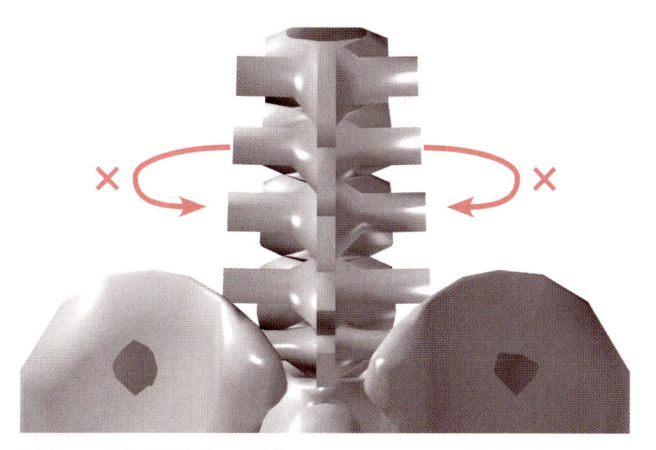

図2　ほとんど回らない腰椎　　　　　　　　　（小山田良治作図）

図3　股関節の外旋（左）と内旋（右）

図4　椅子に座った状態では、肩が回旋するだけで骨盤は回らない

って起きています。骨盤の右と左に、それぞれ股関節という回旋の軸があるのです。図1のような体幹の回旋をした場合、腰の回旋は、左右の股関節の外旋・内旋の動きによって起きます（図3）。

では、次に椅子に座って、図1のような体幹の回旋動作をやってみましょう。この状態では骨盤が椅子で固定されているために、股関節の外旋・内旋は起きずに、腰は回りません。したがって、このときの体幹の回旋は、体幹の上部の回旋によるものです。体幹上部の回旋は、背骨の胸の部分、つまり胸椎の回旋によって生まれます（図4）。

体幹上部が回旋するエネルギーを上肢に伝えることで、椅子に座ってでもある程度の速さのボールは投げられます。実際の投げ動作を考えると、骨盤（体幹下部）も回旋しますし、体幹上部も回旋します。

体幹の動きには、腰や肩の回旋のほかにも、「屈曲」、「伸展」、「側屈」など

図5　体幹の屈曲（左）、伸展（中）、側屈（右）

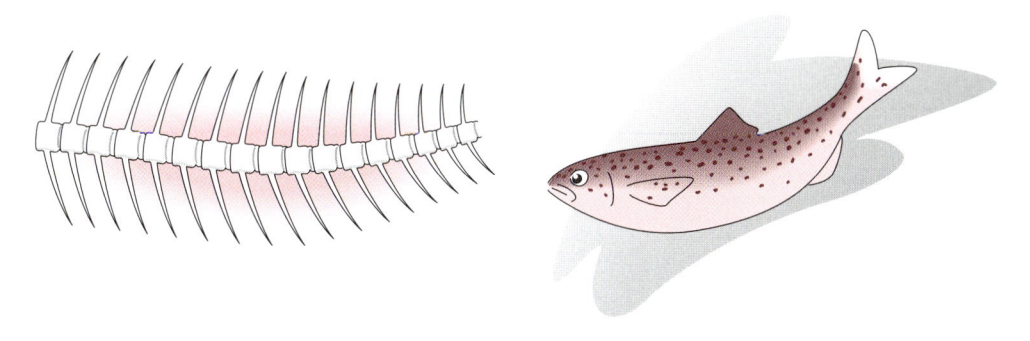

図6　魚のようなイメージをもってみよう

があります（図5）。これらの可動性を高めることにより、体幹のしなやかな動きが可能になり、投げ動作全体がしなやかになります。体幹自体の動きに着目し、その柔軟性、そのしなやかな使い方を訓練していきましょう。

体幹の可動性を高めるには、脊柱、いわゆる背骨の可動性を高めることのほかに、胸郭などの可動性を高めていくことも重要です。表面を動かすのではなく、からだのなかを動かす、なかから動かすという意識をもつことが重要になります。三次元的に一つ一つの骨の動きをイメージすることができれば、体幹全体として考えたときに、よりしなやかな動きができるようになります。

体幹から肩甲骨をはがしたイメージをもつと、脊柱と骨盤だけの状態を思い浮かべることができます。まるで魚のようなイメージもできるはずです（図6）。魚が水中を泳ぐように、背骨が波を打つように一つ一つの関節を動かすことができれば、体幹のしなやかな動きも行いやすくなるといえるでしょう。

1-4　体幹の動きを知ろう

先ほども述べましたが、野球における体幹の役割の重要性は認識されていながらも、具体的にどのような動きがいいのかという指導はほとんどされていない状況にあります。これは、体幹が果たす役割が認識しづらいという理由もあるでしょう。あるいは、意識して体幹を使う動作が野球のなかにはあまりないのかもしれません。ピッチングにおいて、実際に体幹を意識している人は少ないのではないでしょうか。

ここからは、体幹の動きに関するドリルを行っていきますが、このドリルのような動きが実際にピッチングのなかにあるわけではありません。ドリル1～3は体幹を動かすときのイメージをつくるためのものといってもいいでしょう。ですから、これらのドリルが直接的にピッチングフォームの改善につながるとは言い切れません。

ピッチングフォームに影響を与える水面下の基礎ドリルともいえます。強いていうなら、からだの動きをすべてバラバラにしていくイメージづくりともいえます。このドリルから得られる体幹の動かし方のイメージがわかると、ドリ

ル4〜8の実践的なドリルへとつながっていきます。
　ではドリルに入っていきましょう。

drill 1　体幹を動かすイメージを身につけよう──1

■芯をつくるイメージ

　まず肩幅程度に足を開きます。そして頭頂から地面に対して、垂直に線を下ろすように自分のからだのなかに「芯(しん)」をイメージしてみましょう。そこから、その芯を中心にしてからだを振っていきます（図7）。

　でんでん太鼓のようなイメージでもいいでしょう（図8）。でんでん太鼓の柄(え)の部分にあたるものが脊柱で、太鼓を叩くひもとその先につけられた玉にあたるものが腕というイメージです。この動作をなるべく力を抜いた状態で行います。からだの芯のイメージができてきたら、徐々に揺さぶりを大きくしていきましょう。芯に相当する脊柱から動きをつくる、脊柱（胸椎）の一つ一つが動いている感じを体感しましょう。

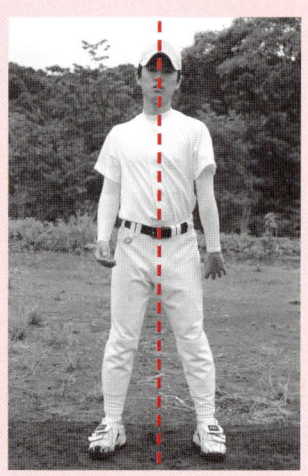

図7　からだのなかに「芯」をつくるイメージでからだをゆさぶる

図8　でんでん太鼓
　柄の部分を持って回転させると、2本のひもの先についた玉が太鼓の皮の部分に当たり音が鳴る。

　中心を通る芯の部分には、肋骨でできた胸郭で覆われた胸腔(きょうくう)があります。ここには気管が通っていますが、気管は口から、あるいは鼻から吸った空気を肺に送る通り道です。逆にいえば気管には常に空気が入った空間があります。ここでのイメージはからだをその中心から動かすことにより、気管にある空気を絞り出すように揺さぶっていきます。

　うまく中心から動くことができると、気管から絞り出された空気が自然と口から吐き出される音がします。この音が出るように、からだを内側から動かしていきましょう。呼吸と身体動作のつながりを感じ取れるようになると、動きは格段に上達します。

drill 2 ☀体幹を動かすイメージを身につけよう――2

■ステップ1――内側から絞るように前へ

　先ほどつくった芯（脊柱）のイメージをもったまま、芯を両脇で挟み込むようにしながら空気を押し出し、口から出すような感覚です。からだに芯をつくり、左右の腕でからだを絞り込んでいきます。ねじるというよりは、芯に圧をかけて中心に押し込みながら左右のからだを切り返していくような動きになります（図9）。

図9　両脇で挟み込むように内側へと絞り込んでからだを回す練習

■ステップ2――竹とんぼを飛ばすときのイメージ

　芯のイメージがつくれたら、今度はその芯を中心にして、からだを動かしていきます。図10に示した竹とんぼのイメージで、からだを回転させていきましょう。

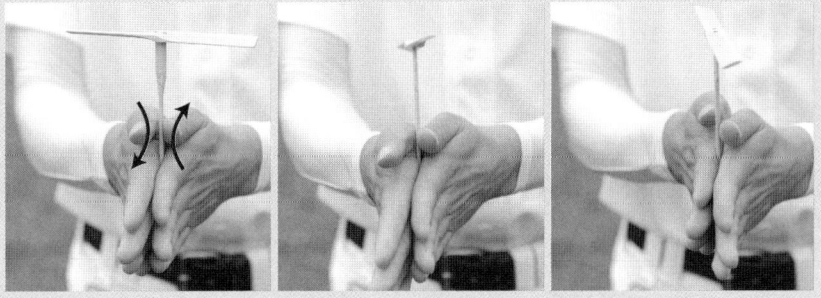

図10　竹とんぼ
　からだの芯を両脇で圧をかけながら、こすり合わせて回転させる。

ステップ1のドリルでは、イメージしたからだの中心の芯を、左右のからだでこすり合わせるように内側から動かすことが重要です。うまくからだの内側から動かしていかないと、肩甲骨が外側に向かって動くだけの動きになってしまいます。

　からだの芯を中心に、左右のからだをこすり合わせて前後に入れ替える（後ろにあった半身を前に、前にあった半身を後ろに入れ替える）感覚で動かすことを目指しましょう。そうやって内側から、もっと内側からというように、できるだけからだの芯を挟み込みながら小さく回す感覚で行っていきます。

　小久保裕紀選手（福岡ソフトバンクホークス）が自らのバッティング理論について、テレビで語っているときに、「ギューッと絞り込んできて上にバーッとあがる感じ」と自らの感覚を表現していました。まさにここでは芯に向かって「ギューッ」と集めてきて、力を集積してあふれ出した力が絞り出されるように解放される、といったイメージになります。

　小久保選手の場合、その力が上にいくというイメージから、インパクトの瞬間からバットは上にあがるといった独特のフォロースルーになっています。投げ動作では、絞り出すことによってあふれ出た力が前への力になるようなイメージになります。

　ステップ2のポイントは、「圧をかけながら棒を回転させる」ということにあります。からだの芯を両脇で圧をかけながらこすり合わせて回転させる、というイメージです。芯をギューッとこすり合わせるように動かしていきましょう。図をみるとイメージがつきやすいのではないでしょうか。

1-5　からだの開きを抑える

　投球動作は、並進運動（打者方向に平行移動する運動）と回転運動によるものです。したがって、体重移動を行うピッチングにおいて体幹（非投球腕側と投球腕側）の入れ替え（回転）は必ず起こります。右半身と左半身の入れ替えともいえます。

　ここで注意したいのは、回転運動を体幹上部で意識しすぎると、過剰なからだの回転が生じてしまうことです。この過剰な回転を、「からだが開いてしまう」と表現することが多いようです。このようになると、力を伝えたい投球方向とは違う方向にからだが傾いてしまうため、目標に向かってうまく力を伝えられなくなってしまいます。

　ピッチングにおいて、からだの開きを抑え、生み出したエネルギーを効率よくボールへ伝えていくことは非常に重要です。肩が早く開いてしまうと、打者からボールがみやすくなるため、打者との勝負という観点からも不利になります。

　いうのは簡単ですが、実際には、非投球腕側の腕や肩を引いて、肩の回転によって力を得ようとし過ぎる選手が多いようです。こういう選手は、からだの開きを抑えることが容易ではありません。「からだを開くな」といわれてもな

図11 からだが開いたフォーム

かなか直らないということは、経験している人も多いのではないでしょうか。からだが開くという現象はわかっていても、どうしたらそれを改善できるのかがわからないこともあると思います。

　ある指導書には、「ステップするつま先が開くのが早いと、からだも開いてしまう」、「グローブ側の腕を横に流してしまうと、からだも開いてしまう」とあります。別の指導書では、「動きをリードする前に出したグローブを引きつけてこないと、からだも開いてしまう」と述べられています。「グローブ側の腕で引っ張ることで肩が開いてしまう」という場合もあるようです。

　これらを考え合わせると、からだが開くのは、上半身が原因の場合と、下半身が原因の場合があるのではないかと思います（図11）。

　では、体幹の動きによって、からだの開きを抑えるには、どうしたらいいのでしょうか。体幹の回転を、投球腕側の体幹と非投球腕側の体幹を素早く入れ替えることと感じ取ることも有効です。右と左の体幹を、小さく素早く入れ替える。このイメージが内側に絞り込んで芯を回す竹とんぼとつながります。

　ここから、体幹の入れ替え動作によってからだの開きを抑えるドリルに取り組んでみましょう。

drill 3 　体幹の入れ替えをしてみよう

まずはじめに、上腕を外旋させながら前方に腕を伸ばす動作を行います。先ほど回転軸を意識して行った竹とんぼの動きに似ていますね。肘を曲げた状態から、体幹の入れ替えを意識しながら、左右交互に腕を外旋させながら前方に伸ばします（図12）。このとき、なるべく左右の半身を入れ替えるときの横の動きが小さくなるように、最初の肩のラインの幅（直立時）からはみ出さないように注意します（図13）。

いわば一本のライン上でからだを回転させていくということです。そのためには、からだの内側（中心近く）から、腕を出していくように心がける必要があります。あくまでからだの使い方のイメージトレーニングとして行っていきましょう。「体幹の入れ替え」という表現は、耳慣れない言い方かもしれませんが、まさに左右の半身を入れ替えるという言い方がぴったりです。

図12　体幹の入れ替えの練習法1

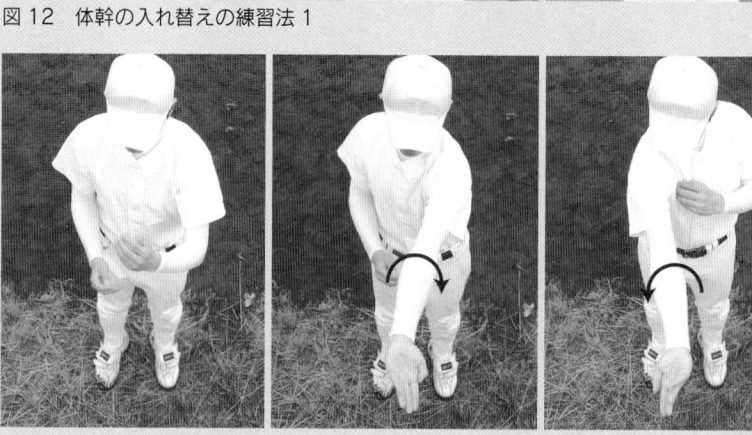

図13　体幹の入れ替えの練習法2

図14　回転運動がうまく行われない投球動作

　体幹の入れ替え動作を行っていく上で重要なことの一つとして、「力を発揮する方向は前」という意識づけを行うことがあげられます。この意識をもつことによって、ピッチングにおけるからだの開きを徐々に抑えながら、投球方向へ向かう一本のライン上で、力のベクトルが前に向くイメージをつくっていく必要があります。

　このドリルにおいて主となるのは、あくまでも前方への動作です。引きの動作（後ろへの動作）が大きくなってはならないのです。投球腕を前に突き出す際、非投球腕側の半身を大きく引いてしまったり、非投球腕側に引っ張られるようにからだが開いたり、あるいは傾いてしまったりする（右投げなら左に傾く）選手もよくみられます（図14）。そうなると回転軸がぶれてしまうため、回転運動がスムーズかつコンパクトに行われなくなってしまう可能性が出てきます。あくまでも力を前に伝えようと意識し、体幹の入れ替えを一本のライン上で行おうと意識することが大切です（図15）。リリース時に、左右の目を結んだラインを地面と平行にするのも、動作の一つのコツです。

図15　体幹の入れ替えのイメージづくりに役立つ練習法

drill 4 投げ動作での体幹の入れ替えをしてみよう

　ドリル2の感覚をもちながら、実際に投げる動作で、体幹を入れ替えてみましょう（図16）。からだの開きを抑えるような動きを身につけるために、先ほどイメージしたからだの中心の芯を絞り込むように、体幹を回旋してみましょう。内側へ絞り込む、中心へ押しつけるような感覚から回旋へとつなげていきます。

　この感覚がつかめれば、ドリル3で行ったような一本のライン上での体幹の入れ替えができるようになります。これによって、今まで、上腕内旋→上腕外旋→体幹の回旋（過度の開き）という流れになりがちだった投球動作が、上腕が外旋しながら、からだの芯を絞り込むように、左右の半身が中心に寄ってくる（イメージの）ために、より小さく、より速く体幹を回旋できるようになります。

　このようなイメージができてくると、非投球腕側の体幹が後方へ引っ張られて生じるからだの開きを防ぐことができます。安定した回旋運動、そしてその後のからだの前への折りたたみ、投球腕側の肩甲骨を飛ばす感覚、腕の振りへとつなげていくことができると思います。

図16　実際に投げる動作で体幹を入れ替えるようにして体幹を回旋する練習法

1-6　後ろ腰を前の腰にぶつける

　以下の文章は、現在、福岡ソフトバンクホークスで活躍する和田毅投手の大学時代の投球フォーム改造についての話を、小田が土橋より聞いて書きとめたものです。

　土橋は1999年の6月に、早稲田大学野球部にトレーナーとしての入部を

認められました。学生のトレーナーはそれまで存在しなかったので、本当に一からのスタートだったようです。入部間もない頃、一人の選手が土橋に声をかけてきました。それが和田投手でした。

彼の相談は、「どうすれば速いボールを投げることができるか」だったそうです。彼は東京六大学野球のリーグ戦の後に1・2年生だけで行う新人戦に先発したのですが、時速125kmのボールを投げるのがやっとで、相当悩んでいたようです。

当時の和田投手には、上腕がリリースする方向へうまく伸びないという欠点があったようです。いかにして腕を振り下ろす方向と投げる方向を一致させるかを考えるうちに、問題はいわゆる「肩の開き」にあると、トレーナーの土橋は判断したようです。

肩が開く原因は何か。和田投手の場合、脚をあげてからの体重移動がうまく行われていませんでした。脚をあげ、踏み込み足で着地するときに体重がしっかりと移動していればよいのですが、そうでないと、後ろ側の足に体重が残った状態でリリースに向かうことになります。その結果、踏み込み足に体重を移動させようと、力んで上半身のよけいな動きを使おうとして、その結果肩が開いてしまうのではないか、と土橋は考えました。

腰の回旋のイメージについても、土橋は多くの人とは異なるイメージを和田投手に差し出しました。それは、「背骨を軸として回す」イメージではなく、「後ろ腰（投球腕側の腰）を直線的に前の腰に向かってぶつける」ようにイメージすることでした。腰の回転のイメージ変えを提案したのです。

このときに、ドリル3と4に示した体幹の入れ替えのドリルを繰り返し行ったようです。体幹の入れ替えとは、「前の腰に後ろの腰がギューッとすり寄ってきて、ぶつかりながら前にすり抜けて、前の腰と入れ替わる」ようなイメージだと土橋は語ります。背骨を軸にして回転するイメージをもつと、前の腰が後方に引けて、後ろの腰が前に出るようなイメージになってしまいます。そうではなく、後ろの腰が前の腰に直線的に寄ってきて、ぶつかりながらすり抜けていくイメージです（図17）。

これは、やり投げの元世界チャンピオンが、「ヒップストライク」（後ろ腰が

図17 後ろ腰を前の腰にぶつけるイメージの練習法

前の腰に衝突する）といっていることとも関係があると思われます。いずれにしても、実際に左右の腰がぶつかるのではなく、ぶつかるような感覚ということです。

　股関節を鋭く使う、いわゆる「キレ」を生み出すためには、背骨を軸とした「回転」のイメージよりも、「後ろ腰を前の腰へぶつける」といったイメージのほうが、和田投手にはわかりやすかったようです。背骨が回転軸だと感じて投げると、からだの回旋時に、グローブ側の肘を必要以上に引いてしまい、いわゆる「開き」を誘発してしまうのではないかと考えたのです。

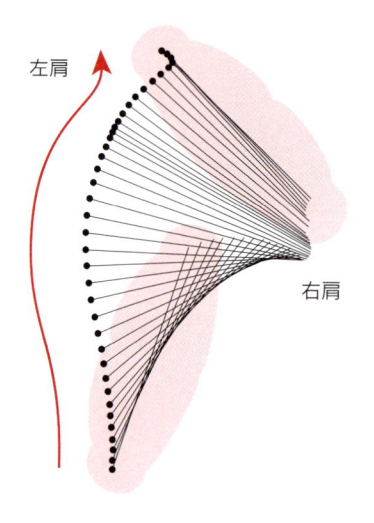

図18　グローブ側の右肩を要にして扇型を描くイメージ（左投手の場合）

　グローブ側の肩を後方に開かないようにすること、グローブ側の肘を強引に引こうとせずに、自然と腰が回ってから肩も回る、といったイメージをもつことも和田投手には有効だったようです。肩を開かないように、グローブ側の肩を中心にして扇型を描くイメージ（上腕の内旋から外旋）という指導もしたようです（図18）。

　後ろ腰を前の腰にぶつけるイメージに変えて、和田投手の体重移動はスムーズになったそうです。投げる腕は、力を抜いた状態で自然とキャッチャー方向に肘が向くようになっていきました。おまけにリリースポイントも前（キャッチャー側）になり、腕を自然と加速することができるのでボールも速くなる。そのような感じでトントン拍子に和田投手は成長していったようです。

　球速に関していえば、特にウェイト・トレーニングをしたわけでもなく、ランニングなども特に強化メニューにしたわけでもないのに、2ヶ月後には140kmを超える速球を投げるようになっていたといいます。本人も「信じられない」といっていたといいますが、土橋も和田投手のポテンシャルの高さには驚くほかなかったようです。

1-7　胸の張り

　指導書によっては、「胸を張ることでしなりを生み出すことができる」、「胸を張ってエネルギーをさらに生み出す」と書いているものもあります。確かに胸を張っている場面は目にすると思いますが、意識的に胸を張ろうとするのは、本当に必要なことなのでしょうか。

　上肢の動かし方のところで書いたことの繰り返しになりますが、再度確認の意味で書きます。意識して胸を張ろうとすると、どういうことが起きるでしょうか。胸を張ろうとして、投球腕の肩や腕を引いてしまい、肩甲骨が内側（背

骨側）に寄る運動を起こすために、腕が背中側に残りすぎてしまうことが考えられます。これでは腕の加速のリズムが破綻し、せっかく胸を張っても、それが逆効果になって腕が出てこないということにもなってしまいます。

　肩や腕を引いて胸を張るのではなく、胸は自然と張った状態になるものです。それには、まずは力を抜くこと、そして体幹、胸郭の柔軟性を高めていくことで自然な胸の張り、しなやかな動きを獲得していきましょう。

drill 5　椅子に座って投げてみよう

　ここでは、椅子に座って体幹上部の回転（体幹のねじれ）を使ってボールを投げるドリルを行いましょう（図19）。そのなかで自然と胸を張った状態になる感覚も得られると思います。

　体幹上部（肩）の回旋を引き出すために、椅子に座って、下肢の動きを使わないで投げることがこのドリルのポイントなります。先に説明したドリル2～3の体幹の使い方のイメージを利用しましょう。

　このドリルの応用として、椅子に座るのではなく、投球方向に顔を向けるように正座して、体幹上部の回旋を利用して投げる動作の練習も行いましょう（図20）。また、片膝立ちの姿勢から投げることも、体幹上部の回旋を意識しやすく、その感覚をつかむために効果的なドリルとなります（図21）。

図19　椅子に座っての体幹上部を使った投球練習

図20　正座姿勢での投球練習

図21　片膝立ち姿勢での投球練習

1-8　回転運動から縦の運動へ

　投球動作は、回旋運動の要素を含んでいます。そのため、体幹の回旋をしっかり使って投げる指導を受けた人も多いことでしょう。

　しかし、実際にこの意識を強くもったままボールを投げると、必要以上にからだが回転し、からだの開きが大きくなってしまうことがあります。そうなると、ボールのリリースを前で行えなくなってしまいます。

　次のドリルを行うことで、投球動作は回転運動によるものであるという過剰な意識を捨てましょう。回転運動で起こした動き、つまり体幹の横回転（回旋）を、体幹を縦に振る動きに変換していくイメージをつくります。練習とは、動作の悪いくせを、よいくせに置き換えることです。間違った動きを何度繰り返しても、よい動作は身につきません。

　このドリルには肩の開きを予防するという意味合いもあります。そして前に行った竹とんぼのイメージにもあったように、内側から動かすことによって、投球方向への直線的な動きへと意識を変換していきます。そのなかで、上肢の動かし方のところで学んだ、肘を飛ばす感覚、肩甲骨を飛ばす感覚を踏まえて身につけていくとよいでしょう。

drill 6　からだを縦に使い、腰で投げる感覚をつかもう

　これは、腰が回旋して体幹が正面を向いたときに、腕を縦に振る動きの感覚をつかむためのドリルです。足を肩幅くらいに開いて、腕の振りを行いながらお辞儀をするように、からだをまっすぐ前に倒します（図22）。

図22　からだを縦に使う練習
　足を肩幅に開き、腕の振りに合わせてからだを縦にしてたたみ込む。

　動きとしては、からだを倒しながら腕を振るのですが、重要なのはからだをただたんに前に倒すのではなく、からだを縦に使っているという感覚をつかむことです。そのためには股関節と膝をうまく使って縦の動きをコントロールする必要があります。

　この股関節、膝の動作を「抜き」とよんでいますが、「抜き」についてはこの次のドリルで詳しく解説します。体幹だけを折るのではなく、下肢を使った

縦振りを意識していきます。さらに、肩甲骨を飛ばす感覚と、からだを倒す、つまり縦に使う感覚を一致させながら行うことも重要になってきます。

このドリルによって、投球方向に向かってまっすぐに力を伝えていく意識を高めていきましょう。投球方向に対して伝わるべきエネルギーが、違った方向にいかないようにすることを目的としたドリルです。

腕を振り、からだを倒すことによって背中が伸ばされるため、その分リリースのポイントも自然と前になるはずです。前でボールを放すことも、ここでしっかりとイメージします。「体幹を回転せずに、縦に使って投げろ」と愚直にいっているのではありません。このドリルで重要なことは、イメージづくりです。動きのイメージとして、からだを回転させないことを心がけてドリルを行います。からだを回転させずに縦に使うという大げさな感覚で投げることが、投げ動作の習得に生きてくるのです。感覚をつかめるまで、椅子に座って行うのも一つの方法でしょう。

2 知っておきたい「右と左」のこと

2-1　右投げのコーチは、左投手に教えられない

ここで取り上げる「右と左」の内容は、スポーツマッサージを専門としている小山田と、ヒトのからだの動きについて研究している小田の見解を示したものです。野球の現場に直接携わっている土橋が、その指導の実績を踏まえて提示した内容ではありません。

これまで野球の指導で一般的にいわれてきたことではありませんが、新たな指導のヒントが隠されているものと思われます。この内容を知って大きく飛躍する選手が現れることを期待して、本書に掲載することにしました。

過日、プロ野球のある監督さんとお話しする機会がありました。その監督さんと私（小田）の間で盛り上がった話は、たとえば、右投手の左腕の使い方を、左投手の右腕の使い方にそのまま使ってもうまくいかない、というものでした。右投げのコーチが左投手をコーチするのはむずかしく、その逆もある、という話も出てきました。

これからお話しすることは、あくまで動作感覚であり、客観的な分析研究から出てきた話ではないことを前提にお聞きください。

図23をみてください。いきなり本題に入りますが、プロの優れた右投手は左上腕に外旋力をかけて、打者方向に足を踏み込んでいくような感覚の動作をします（これは、右投げの投手の場合である、ということをおさえておいてく

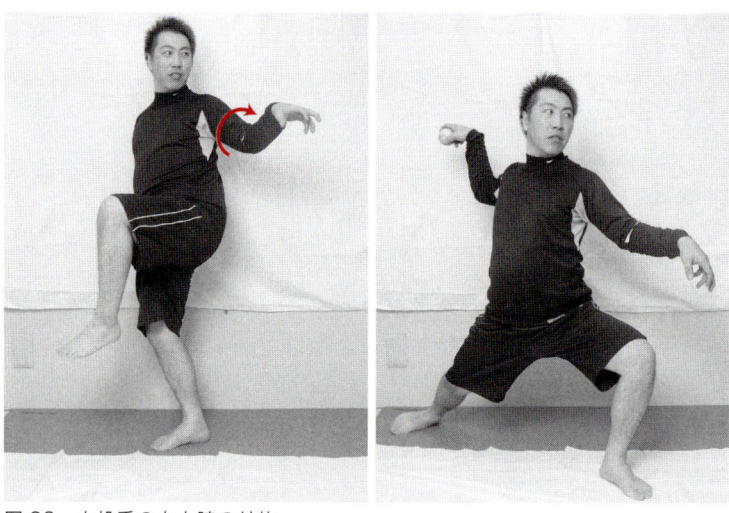

図23 右投手の左上腕の外旋
　右投手は、左腕の上腕に外旋力をかけて打者方向にステップしていく。
（モデル：小山田良治、写真：真崎貴夫）

ださい）。
　前に出す腕（グローブ側の腕）の上腕を内側に絞って、上腕が内旋している右投手も多いのですが、その場合も、外側に外旋する力をかけているものと著者たちは考えています。ところが、一般的にはわが国の右投手は、左肩を早く開かないようにするために、左上腕を内側に回す力（内旋力）をかけて投げる

図24　岩隈久志投手（東北楽天ゴールデンイーグルス）の左上腕の外旋
　ステップ時には、グローブ側の左上腕は内旋位置にあり内旋力がかかっているようにみえるが、実際には外旋力がかかっている。（写真：ベースボール・マガジン社）

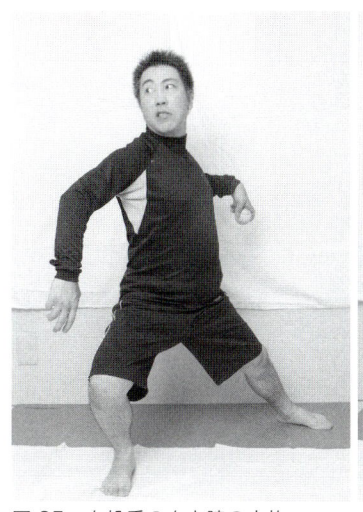

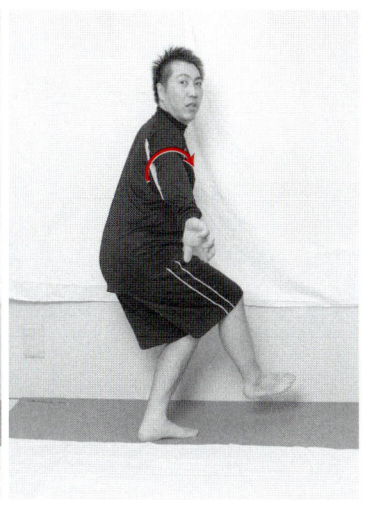

図25 左投手の右上腕の内旋
　左投手は、右の上腕に内旋力をかけて打者方向にステップしていく。
（モデル：小山田良治、写真：真崎貴夫）

人が多いようです。
　図23をもう一度よくみてください。内側に回しているのは肘から先の前腕で、上腕には外旋力をかけておくのです。右投手の場合、上腕の外旋を使って体重移動をスムーズに導くことが動作のポイントです。したがって、打者方向にからだをスムーズに移動させるには、左上腕に外旋力をかけることが動作の隠し味になります。試しに、左上腕に内旋力をかけて、左足を踏み出してみてください。スムーズな体重移動がわずかに阻害されることが感じられると思います。
　次に、左上腕に外旋力をかけて、左足を踏み出してみてください。先ほどの場合より、体重移動が楽になった感じがするはずです。右投手は、左上腕に外旋力をかけることで左足への体重移動をスムーズにして、左足に乗り込む感覚を大事にしているといえます。図24の岩隈久志投手の左上腕をみてください。この左上腕は内旋位置にありますが、外旋力がかかっているものと思われます。
　こんどは左投手について考えてみます。左投手の場合は、後ろの足にしっかり体重を乗せる感覚を重視します。したがって、前の腕の上腕、つまり右上腕は、ステップ開始時には、外旋力ではなく内旋力をかけておきます。そうすると、後ろの左足にしっかり体重が乗ります。つまり、「ため」がしっかりできます。そして、ステップ足を踏み込む動作に入っても、最初は右上腕に内旋力をかけて後ろ足に体重を残すような感覚でぎりぎりまでねばって（ためをつくって）、一気に右上腕を外旋させて、前足（右足）の股関節に体重を乗せます（図25）。
　宙に浮かした前足（右足）に関しても、内旋力をかけておくことで、後ろ足に体重を残すことができます。したがって、左投手は踏み出す右足をクローズドステップ（インステップ）ぎみに接地する投手が多くなります。
　右投手で、踏み出す左足に体重を乗せていく感覚を大事にする投手は、あげた左足を外旋させてから、踏み出していく感覚がピタッとくる投手が多いよう

知っておこう 1　あげた足の足先の向きで体重移動が変わるって？

体重移動の際に有効な、動作感覚のヒントをお教えします。踏み出す足の足先を上に向けるか、下に向けるかによって、体重移動の感覚が変わるのです。

図26の足先の動作をやってみてください。図のように片足立ちになり、あげた足の下腿部（膝から下の部分）を垂直に垂らします。このとき、あげた足の足首を伸ばしてつま先を下に向けると、体重は支持足側に寄りやすくなります。一方、あげた足のスネに力を入れて足先をあげると、あげた足のほうに体重が寄りやすくなることが感じられると思います。

右投手が、踏み出す左足に積極的に体重を乗せていこうとする場合には、左足の足先を上にあげておくと、体重移動がスムーズになります（図27）。左投手が、左足（軸足）に体重をためながら体重移動する場合には、右足の足先を下に向けておくと、左足のためが行いやすくなります。

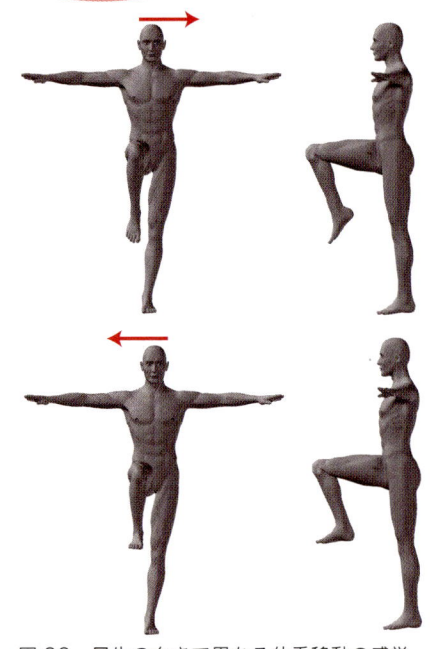

図26　足先の向きで異なる体重移動の感覚
　片足立ちになって、あげた足の足先を下に向けると体重は支持足側に、足先をあげるとあげた足のほうに寄る。（小山田良治作）

図27　左足先のあがった清水直行投手（千葉ロッテマリーンズ）の投球フォーム（写真：ベースボール・マガジン社）

です。右投手が左足を踏み込む前にあげた足を外旋させた状態というのは、あげた足裏が真下を向いて下腿部が垂直になった状態から、足裏が二塁ベースの方を向いて、あげた足の踵(かかと)が支持足の膝頭に近づくような状態になることを指します（P.105 図43参照）。この状態から、あげた足をいったん下に下ろすようにして前に踏み出していきます。この場合、アウトステップぎみの前足接地が感覚的にフィットします。

2-2　右ネジの法則

小山田、小田たちは、体幹を回旋させる動作を行うときに、ヒトのからだは、左方向に回すときにはネジが弛(ゆる)むように回転し、右方向に回すときにはネジが締まるように回転する、ということを感じています。

このからだの特質を、ここでは、「右ネジの法則」とよびます。通常ネジは、右（時計回り）に回すと締まり、左に回すと弛みます。この話も、あくまで動作感覚の話ですから、客観的な研究をして出てきた話ではないことを前提にお聞きください。一つの感じ方、考え方として聞いていただいて、その感覚がピタッときた人がいれば幸いと考えて、この話を紹介します。

右投手は、投げるときに左回転します。したがって、右ネジの法則からいうと、右軸（右足）から左軸（左足）に向かって、ネジを弛めるようにして体重

図28　岩隈久志投手（東北楽天ゴールデンイーグルス）の左足に乗り込んでいくような投法
　　　右ネジを弛めて投げるような、右投げの特徴が出ている。（写真：ベースボール・マガジン社）

図29　杉内俊哉投手（福岡ソフトバンクホークス）の右股関節を締めるような投法
　　　右ネジを締めるような左投げの特徴が出ている。
　　　　　　　　　　　（写真：ベースボール・マガジン社）

を移していきます。右投手の場合、踏み込んだ左足に体重を乗せていくときに、ネジが弛むように左回転しながら乗り込んでいくようなイメージの動きがよくみられます（図28参照）。

一方、左投手は、左軸から右軸に向かって、ネジを締めるようにして体重を移していくことになります（図29参照）。左投手は、ネジを締めるような感じで前に出て行きますので、右股関節上にからだを乗せて、きゅっと締まるように右回転し、ボールのリリース後、からだが大きく回転する投手は少ないようです。

先日、右ネジの法則の話をしたところ、ある高校の甲子園常連チームの監督さんが次のようなことをしみじみおっしゃいました。

「自分の指導したチームでは右投手がなぜか育たないんですが、これまでそれを不思議に思っていました。でも、右投手が育たない理由がやっとわかりました。私は右投げですが、これまで投手の指導において、右投手にも左投手にも、左投手向けの締まる感覚の投げ方を教えていたように思います。だから、左投手しか育たなかったのだと思います。右投手には、締まる感覚ではなく、もっと別な右投手に合った感覚を探さないといけないことがわかりました」。

鼎談　対称ではない右と左

小山田　陸上競技のトラックは左回りですね。野球のベースも左回りです。からだは左右で成り立っていますが、右と左は対称ではなく、非対称であることを忘れてはなりません。

　肝臓という大きく重い臓器は、からだの中央よりも右側に寄ったところにあります。このため、体幹を回旋する場合、右には浅く、左には深く回旋する人が多いと思います。右側にある肝臓が、右方向への体幹の回旋を邪魔しているということがその理由としてあるように思います。

小田　肝臓の位置が身体運動にどう関わっているか、という視点は斬新ですね！　トラックや野球のベースランニングが左回りというのも、体幹が左に回旋しやすいということとも関係していそうですね。

小山田　そうなんです。それだけではなくて、微細な感覚の話になりますが、両足で立ったときに、右側に重い肝臓があるため、やや左にからだを寄せる必要があり、トップアスリートは自然に左にからだを寄せる感覚で動作していると思われます。

小田　なるほど……。左にからだを寄せる感覚ですか。右手に重たいものを持てば、誰でも自然にからだを左に寄せてバランスをとろうとしますが、手に何も持たなくても、右に重い肝臓を持っているということで、右手に重たいものを持っているのと同じことが無意識的に起きているんですね。

土橋　右と左は別世界という話に関しては、野球の指導現場では、一般的にはまだいわれていないようですが、人間のからだに潜む、無意識的な身体感覚とでもいうのでしょうか。

小山田　トップ選手とこの話をしていくとわかってくれる人もいますよ。小田先生がプロ野球のある監督さんとこの話をしたら、話が盛り上がったというのも、みなさん、口にはしないけど、トップ選手というのは、からだでこのことを知っているからです。

小田　スポーツの「からだ」の動きを研究していくと、意識して動くことよりも、その手前にある、無意識の身体感覚や自分でも意識しないで行っている、口では語らない動作（あるいは感覚）というものが非常に重要であることがみえてきました。この右と左の話も、まさにそうした内容の話ですね。

小田　右足と左足の話でいうと、たとえば、これは研究者の間でも、意見がいろいろあるんですが、右足が運動性に富んだ運動脚、左足が支持性に富んだ支持脚という研究報告があります。サッカー選手は、ワールドカップに出るような世界レベルの選手でも、大半が右が蹴り脚で、左が支持脚だというデータが研究報告でも出ています。その背景には、右足と左足は機能が違い、その役割が違う、という考え方があるんです。

小山田　前福岡ソフトバンクホークスの王監督は、現役のとき、一本足打法で世界のホームラン王になりました。王選手は、左足で安定して立つことを練習したそうですが、これも、左足が支持脚であるからうまくいったともいえます。右打ちの選手に、王選手のような一本足打法はしにくいものと思われます。

土橋　右投手でも、左投手でも、軸足への「ため」を重視します。右投手は右足、左投手は左足が軸足になりますから、同じ「ため」でもそこに感覚的な違いがあるかもしれませんね。私自身、まだ右と左の感覚の違いに関しては十分に理解していないのですが、これからは、「ため」の動作やその動作感覚の違いを感じ取るように研究してみたいと思います。

小田　自分自身のからだに潜む、微妙な右と左の違いを感じ取ることで、思わぬ発見があるかもしれません。大きな飛躍が待っていることでしょう。

3 知っておきたい膝と股関節の「抜き」のこと

3-1 膝と股関節の「抜き」

　ここでは、膝と股関節の力を抜いた状態でからだを制御する「抜き」の感覚をマスターしましょう。この動きは、股関節や膝関節、つまり下肢の動作によるものですが、体幹の動きと関連させて覚えたいものです。

　ドリル7の連続写真をみてください。体幹を下肢の上に楽に乗せている（股関節と膝をやや屈曲させた楽な）姿勢です。ジャンプをして着地するときに、脚で衝撃を吸収するときの股関節、膝の使い方に似ています。感覚としては、膝と股関節の力は抜いて、柔らかく体重を支えています。

　「抜き」とは、よけいな筋緊張をなくした、膝と股関節に力感を感じない状態ともいえます。実際に行ってみるとわかりますが、股関節がはまる感じだという選手もいます。上半身の重みを股関節にあずけて股関節がゆるゆる動く感じ、などという人もいます。

　それでは、次のドリルをやってみてください。

drill 7　抜きのコツをつかもう

　抜きのコツをつかむには、真上にジャンプして、膝と股関節のクッションを使って衝撃を吸収して着地をしてみるのもよい方法です（図30）。

　このとき、膝はバネのように柔らかく自然に屈曲し、大腿骨も連動して骨盤にパカッとはまった感じで、柔らかく屈曲した状態になったでしょうか。このときの股関節と膝の屈曲の感覚が「抜き」です。

図30　抜きの感覚をつかむための着地ドリル
　ジャンプの衝撃を膝と股関節で柔らかく吸収する。力を抜くことが大切になってくる。体重は踵で受け止める感覚で行う。

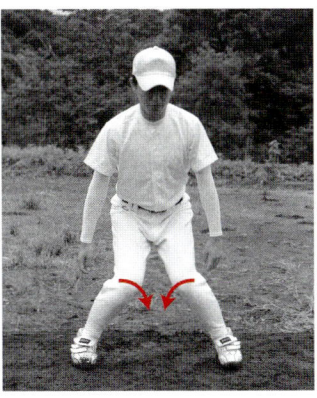

図31 抜きの悪い例
つま先に体重をかけてしまっているため、からだのバランスが悪く、力が抜けない例（写真左）。膝が内側に入って、股関節内旋がみられる例（写真右）。

「抜き」の姿勢をつくるとき、ただ膝を屈曲するだけ、あるいは股関節を屈曲するだけでは、重心が安定せずにからだが前のめりになってしまったり、後傾してしまったりして、バランスがうまくとれません。膝と股関節の二つの関節を必ずセットにして、体重を踵（かかと）にかけるような感覚をもつと、力が抜けてバランスのよい、安定した抜きの姿勢をつくることができます。体重を親指の付け根（以下、拇指球（ぼしきゅう））に落とすような感覚（図31、左）だと、太ももの前の筋肉（大腿四頭筋（だいたいしとうきん））が緊張して、膝や股関節に力みが生まれてしまいます。体重を踵にかけるような感覚にすると、お尻の筋肉で体重を受け止める感じになるのがわかるでしょう。

さらにもう一つ注意することとして、肩幅かそれよりやや広めに足を開いて立った状態で、膝を内側に絞った位置にしないことが重要です。膝頭をまっすぐ前か、やや外側に向けます。この状態は、股関節がやや外旋した、膝と股関節に力みを感じない立ち方になります。

知らず知らずのうちに、膝を内側に絞り込んでしまう、つまり股関節を内旋させて立ってしまう癖のある人も多く見受けられます（図31、右）。そういう人は、最初は意識して膝と股関節を上に述べた位置に保つように心がけます。最初は、不自然でやりにくく感じますが、次第に慣れてくると、この方が楽に立てるように感じられます。

「抜き」の感覚は、ピッチング全体をとおして非常に重要になってきます。この姿勢がしっかりとれていないと、骨盤と上肢をうまく連動させて使うことはおろか、自然なからだの使い方でピッチングをすることができなくなってしまいます。ここでしっかり身につけておきましょう。

3-2 「抜き」から股関節運動へ

膝と股関節の「抜き」の感覚がわかってきたら、抜きの感覚を用いて、投げ動作の股関節運動へとつなげていきましょう。「抜き」といっても、まったく

力を地面に与えていない、ということではありません。

　これも、あくまで感覚的な表現なのです。図30でいうと、ジャンプして着地するときに、自分のなかでは膝の力を抜いて着地する感じがしますが、地面から返ってくる大きな反力(はんりょく)を受け止めています。感覚としては「抜き」なのに、地面に大きな力を与えて、その反作用で大きな力を地面からもらっています。

　これから行うドリルでも、膝と股関節の「抜き」が重要になります。「抜き」の感覚があればこそ、地面から有効な反力を得て、その地面からの力をボールに伝えて投げることができるのです。「抜き」とは、力をもらうことです。

　力をボールに与えようとして力むと、ボールに有効な力を与えることができません。抜くと力が入ってくるのです。

drill 8　膝と股関節の抜きと骨盤の動きを連動させてみよう

■ステップ1

　膝と股関節の抜きの感覚がつかめたら、その姿勢を保ったまま上体を軽く反らせ、さらに体幹をやや投球腕側に捻(ひね)ります。すると投球腕側の骨盤がや

図32　投球腕側の骨盤を前に突き出す感覚の練習法
　膝と股関節の抜きと骨盤の動きとを連動させる。膝と股関節の抜きを保ったまま、投球腕側の骨盤を前に突き出す感覚で行う。肩のラインは、腰につられて回る。

や引けて、体重も軸足（後ろ足）に乗った状態になります（このとき、上肢は力を抜き、いつでも腕を振れるように構えておきます。この体勢になっても股関節と膝は脱力し、抜きの状態のままでなくてはなりません）。

この状態から、背骨を軸にして骨盤を回転させるという意識ではなく、投球腕側の引いた方の骨盤をまっすぐ前方に突き出すようなイメージで動かします（図32）。このとき、膝が伸び上がらないように注意します。この動作は、重心移動の要素も加わるのでややむずかしくなりますが、写真をみながらイメージしてください。

膝を内側に絞ってこの動作を行ってみてください。膝を内側に絞ることは、体幹の過剰な回旋や側屈につながります。膝、股関節はあくまでも「抜き」の状態を保ち、骨盤だけを意識し、柔らかく自然に行ってみてください（このことは、軸足の話にもつながるので、第3章でも詳しく説明します）。

■ステップ2

投球腕側の骨盤を前に突き出すことができると、それにつられて肩のラインが勝手に、自然に回るはずです。それが自然な体幹の回旋運動です。あとは流れにしたがって、タイミングよく自然に腕をしならせて振り下ろしながら、最後にからだを縦に折りたたみます（図33）。

図33　からだを縦に折りたたむ練習法
　これまでの腰の動きと腕の振り、体幹の折りたたみとを連動させて行う。膝、股関節は抜いたまますることに留意する。腰の突き出しに合わせて肩が回り、腕が振られる。

体幹を回旋させるのは、あくまで下肢と骨盤の動作であり、体幹の上部を回すように動かすことではありません。ダルビッシュ有投手（北海道日本ハムファイターズ）の体幹の縦への折りたたみをご覧ください（図34）。

ここでは、これまでに覚えてきたからだの動きを順序よくつなぎ、腰、肩、腕の順に、自然に柔らかく前方へ向かっていく感覚をつかみます。

図34　ダルビッシュ有投手（北海道日本ハムファイターズ）の体幹の縦への折りたたみ
（写真：ベースボール・マガジン社）

drill 9

投球動作に近づけて行おう

　ドリル8の感覚が、ある程度つかめてきたら、それの応用として「抜き」の状態から踏み出す足を一歩前に出して動作を行ってみます（図35）。前足を一歩踏み出したことで、これまでの動作をよりピッチングの形に近づけて行うことができるはずです。これを行うことによって、からだを縦に使い、前足にしっかりと体重を乗せるなどの実際の投球に即した感覚をつかみ、今までの動作をピッチングにつなげていけるようにします。

図35　からだを縦に使い前足に体重を乗せる練習法
　非投球腕側の足を一歩前に出して、ドリル8のステップ2と同じことを行う。より実際のピッチングに近づけたドリル。

このドリルを行う際も、前に踏み出した膝を内側に絞らないようにすることが重要です。どうしても膝を内側に入れて、力みをつくってしまいがちになるからです。その力みの感覚（内側に絞ることで力を入れる感覚）こそ、下半身が使えている感覚であると勘違いしている人も多いようです。

しかし実際には、この力みはパフォーマンスを向上させるどころか、結果としてむだな緊張を高め、からだを硬くさせ、柔らかい動きを生み出しにくくします。そうならないようにするには、踏み出した足先の向きと膝頭の向きをそろえ、膝頭を足先の向きより内側に絞らないことです。

何度も繰り返しますが、一連のドリルでつかんだ「抜き」の姿勢、感覚を用いて、体重を柔らかく、無理なく支えて動く感覚をつかんでください。

このドリルを、投球腕側の足を出してやってみましょう（図36）。こうすると、非投球腕側（グローブ側）の半身を引くことや回転することができなくなるため、前に向けて縦にからだを使う感覚がつかみやすくなります。回転運動のくせがなかなか抜けず、縦にからだを使う感覚をつかみきれない選手には、うってつけのドリルです。

これも小田が土橋から聞いたことですが、和田毅投手が大学時代、球速アップのためにフォームを改善していたころ、からだを縦に使うイメージも重要視していたそうです。

ある日、50mほどの距離でキャッチボールを行っていました。それまで山なりのボールだったものが、突然、地を這うような、ものすごいスピードのボールが相手めがけて飛んでいきました。キャッチした選手は、球威に押されて、腕を後方に持っていかれてしまったそうです。

そのとき、和田投手は、「前に踏み込んだ右足の膝に、右肩が突き刺さってしまったような感じがした！」といったそうです。実際のフォームを外からみると、投球腕の左肩が右膝に近づいていくのですが、和田投手は自分のなかでは、「グローブを持っていた非投球腕の右肩が右膝に突き刺さったような感じがした」と、いうのです。

図36　投球腕側の足を踏み出してからだを縦に使う練習法
　投球腕側の足を一歩前に踏み込むことで、からだの開きを抑え、縦に体幹を使う感覚を覚えていく。

和田投手の革命が形となって現れた瞬間です。非投球腕の右肩が右膝に突き刺さる。まさに、からだを縦に使う、という感覚です。
　「動作は感覚で導く」「動作と感覚はずれている」——このことを、和田投手の貴重な体験は教えてくれます。

　ここまででピッチングにおける上半身、体幹の使い方とその感覚を鍛えるドリルについて一通り紹介しました。今までとはまったく違う新しい身体感覚が少しでも感じられたでしょうか。たとえ、感覚をつかみきれなかったとしても、からだの使い方についての意識は、だいぶ変わってきたのではないでしょうか。
　ここまでのことができているかどうか試すためには、実際にボールを投げてみるとよいでしょう。シャドーのときと同じような感覚で正しくからだが使えれば、まっすぐスーッと伸びていくボールを力むことなく正確に投げられるはずです。このとき、からだのどこにもストレスや、痛みを感じないことも重要です。
　それができれば、上半身、体幹の動きの感覚はかなりつかめてきているといえるでしょう。

■参考図書・論文
○島田一志ほか「野球のピッチング動作における体幹および下肢の役割に関するバイオメカニクス的研究」、『バイオメカニクス研究』4：47-60、2000
○ Mac Williams BA, et al. : Characteristic ground-reaction forces in baseball pitching. American Journal of Sports Medicine, 26 : 66-71, 1998.
○ Rafael F. Escamilla et al. : Kinematic comparisons of 1996 Olympic baseball pitchers. Journal of Sports Sciences, 19 : 65-676, 2001.

第3章
下半身の動きについて知ろう

1 知っておきたい軸足への「のせ」のこと

1-1　下半身の役割

　ここまで、ピッチングに必要な上半身の基本的な使い方と体幹について述べてきました。ここからは、下半身の使い方について述べていくことにします。

　野手は足を使い、捕球から送球への流れのなかで勢いをつけながら送球することができます。しかし、投手のピッチング動作はどうでしょうか。野手のスローイングとは異なり、静止した状態から行わなければなりません。そのためには、上肢の力だけで投げるのではなく、意識的に下半身を使い十分な体重移動を行って、下半身で投球に勢いをつけてやることが必要になります。"下半身主導のピッチング"といわれるのは、このためと思われます。下半身の効率のよい使い方一つで、ピッチングが変わってくるといってもいいでしょう。

　この章では、下半身の使い方について、「のせる」「はこぶ」「腰の回旋」の３つの動作に分けて説明していきます。

1-2　わからないことが多い下半身の使い方

　「下半身を使って投げろ」「上体だけで投げるな」——このようにいわれたことがある投手は多いのではないでしょうか。投手は、下半身で生み出したエネルギーを体幹、上肢、そしてボールへと伝えて投げます。上半身の力だけで大きなエネルギーを生み出す人もいますが、そういう投げ方は上半身への負担が大きく、けがにつながる危険性もあります。上半身だけで投げるのではなく、下半身をうまく使うと、楽に大きな力を生み出すことができるようになります。

　では、「下半身を使う」とはどういうことなのでしょうか。ピッチングにおける下半身の指導では、「ためをつくる」「プレートを蹴る」「膝を開かないようにする」など、よくいわれていることが、いくつかあります。

　野球の指導書でも、「軸足を安定させる」「軸足、特にももの内側に力をためよう」と書かれているものがあります。しかし、どれも部分的な説明であり、しかも漠然としたものばかりで、重要性が認識されているわりには、具体的な指導法は示されていないように思われます。

1-3　「のせ」とは？

　これまで述べてきた、「無駄な力みをなくし、しなやかにからだを使って動くこと」が下半身でも重要になってきます。上肢、体幹の使い方で述べてきた

基本的な意識やからだの使い方（自然な柔らかい動き、膝・股関節の抜きなど）のイメージや感覚は、下肢の使い方においても非常に重要になってきます。

ピッチングの指導でよく「しっかり体重をのせて」「軸足に体重をのせて」という言葉を耳にすることがあります。指導者によって、「のせ」の意味するところはまちまちですが、これから説明する「のせ」とは、ピッチャーが足をあげて、前方に始動する瞬間に軸足側（打者から遠い側の足）にしっかりと体重をあずけることと定義します。

「のせ」では、形としては軸足の膝と股関節の力みを抜いたまま、反対側の足をあげ、体重を軸足で受けるわけですが、イメージとしては、体重を股関節で受け止めて大腿骨を股関節にはめ込む感じになります（図1）。体幹のところで説明した「抜き」の感覚を維持したまま、軸足一本にのるイメージです。

「のせ」には、次の動きの「はこび」につながるだけでなく、動作修正の基準をつくるという意味があります。それは、いわば船旅における「灯台」をつくるようなものです。ピッチング動作という大海原に出て、どう進めばいいか進路に迷ったときに、目印になる場所、いわばフォームを確認できる灯台にあたる動きをつくるのです。灯台があれば、崩れたフォームを自分で直すことができるようになります。

著者（土橋）は、動作習得において、崩れたフォームを修正するときの基準をつくることを重要視しています。動作は、できたと思っても、日にちが経つと崩れてきます。ゲーム状況などからくる精神的プレッシャーで、フォームが崩れる場合もあります。自分で気がつくこともありますが、気がつかない崩れも起きます。そのとき、灯台をもっている選手とそうでない選手とでは、動作の修正結果が大きく違ってきます。

灯台をつくるとは、意識できる場所を動作のなかにつくり出す、ということです。これにより動作のポイントを浮かび上がらせることができ、どこかがおかしいと感じたときに、あるいはここがおかしいと指摘されたときに、自分の動作のどこにその原因があるのかを確認することが容易になります。

力感を込めて動作をする選手は、動作が崩れたときに修正がきかなくなる傾向があります。たとえば、軸足の筋力を目いっぱい使って体重を支えて、バランスを保とうとする選手です。力感をもって「のせ」を行えば、いかにも「のせている」ように感じます。力感を感じることで、コントロールもしやすいと思うのですが、欠点があります。

このような選手は、調子がいいときはバランスがとれていても、筋の疲労や柔軟性の低下など、からだのコンディショニングが悪くなると、とたんに調子を崩してしまいます。どう筋力を使ったらいいのかわからなくなってしまい、いつもと同じように筋力を使っているつもりなのにうまくいかないという事態に陥ってしまいます。

「のせ」を、何となくやっている選手もいます。こうした投手も、やはり一度調子が狂ってしまうとなかなかいい状態のときの感覚がつかめなかったり、いつもと同じ感覚なのに違った動きになってしまったりします。「のせ」を意

図1　軸足への「のせ」
（小山田良治作図）

識化して、目にみえるようにすることにより、フォームが崩れてしまったときの修正が行いやすくなります。

「のせ」は、力を抜いて重心を骨で支える、骨で立つという感覚と言い換えることもできます。まるで積み木のように、骨の上に体重をのせることにより安定させるようなイメージともいえます。よけいな力を抜いて動作を行うことは、力を入れて動くよりもむずかしくなりますが、一度この感覚を覚えてしまえば、何度行っても同じように、安定した動作ができるようになります。

ここまでは「のせ」の必要性についてお話ししてきましたが、ここからは「のせ」の実際の動作を説明していきます。

1-4 「のせ」の動作をつくる

さて、この「のせ」ですが、実際に行ってみると非常にむずかしく、はじめのうちはなかなかうまくできないかもしれません。体重をのせようとしすぎると、よけいな力が入ってしまいます。また、うまくのり切れていない状態で、むりやり膝を曲げるなどして安定を得ようとすると、骨盤が後傾し、からだが背中側に倒れ気味になってしまいます（図2）。

ここで、ちょっと視点を変えてみましょう。投球動作の「のせ」の動きは、一見するとバッティングでトップをつくるとき（ボールを待って呼び込むとき）の下半身の動きに似ています（図3）。バッティング動作で、二本の足の中心に重心を置いている状態から、トップをつくるときには、体重を軸足側に寄せていきます。この感覚は、ピッチングのときに軸足に体重をあずける感覚と共通する部分があるように思います。プロの選手のなかにもピッチングの「のせ」と、バッティングの「のせ」は同じだという人もいるくらいです。

次に、ドリルで少しずつ自然に軸足にのる感覚を身につけていきましょう。

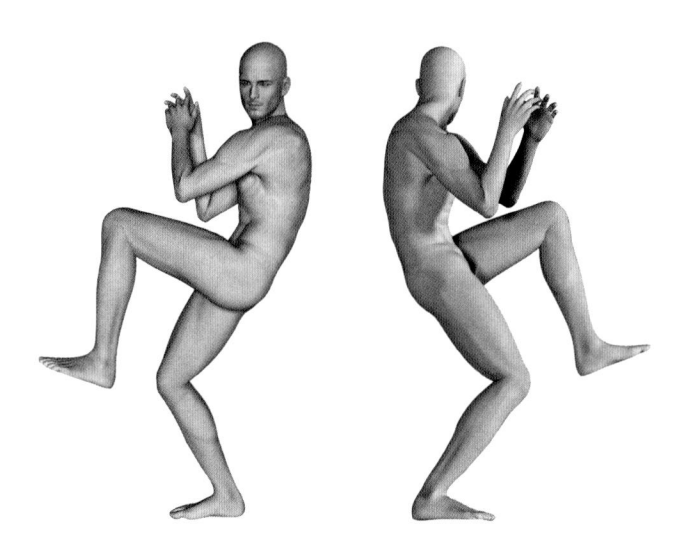

図2　むりやり安定させようとして骨盤が後傾し、背中側に倒れた状態
（土橋恵秀作図）

図3　バッティングにおける「のせ」（左、千葉ロッテマリーンズ・里崎智也選手）とピッチングにおける「のせ」（右、福岡ソフトバンクホークス・杉内俊哉投手）
（写真：ベースボール・マガジン社）

　ただし、このドリルを行う際には、注意点が二つあります。一つは軸足のみで立つこと、もう一つは前足を後方に引くときは、股関節を挟み込むようにすることです。軸足に体重をのせる感覚をつかむため、前足は意識しないようにします。大げさにいえば、前足の膝から下はないものとイメージするとわかりやすいかもしれません。

　そのため、まず前足の膝を折って、さらに力を抜くために、前足はつま先立ちになります。こうすることによって、前足がからだから切り離されたようなイメージになります。軸足で体重を支えるしかない状況をつくるのです（図4）。

図4　前足を一歩引いた構え
　股関節と膝を抜いた状態をつくり、そこから前足（軸足とは反対の足）を、半歩後ろに引く動きを行う。これを繰り返す。

drill 1　前足を引きつけて軸足に体重をのせてみよう

　前足を後ろに引いた状態から、股関節をクッションにして柔らかく使うことを意識して、からだを上下動させながら、少しずつ小刻みに前足を軸足側に寄せていきます（図5）。股関節を挟み込んでいくようなイメージです。

図5　股関節の挟み込み

　股関節を挟み込む感覚をつかむために、ふつうに立った状態から足を横にあげて（外転させて）、足の重みで下ろしながら挟み込む動作を行ってみてください（図6）。よけいな力を使わず、股関節を使って単純に挟み込む感覚をつかみます。

　こうして前足が軸足に寄れば寄るほど体重が軸足にのってきます。寄せ切ったところで、軸足に体重を完全にのせます。前足はフリーな状態になっているでしょうか。このとき、軸足の股関節（お尻）と踵で体重を受け止めている感じがします。

　前足に力が入ってしまうとしたら、それはまだまだ軸足に体重がのり切っていないためです。また、軸足の膝が内側に向いて、股関節が内旋してしまうと、軸足の力が抜けません（図7）。その結果、軸足の上に骨盤がきちっと収まらずに、後ろ（投球方向と反対）に逃げてしまいます。股関節に体重をあずけ、骨盤を軸足の上に収める感覚を磨きましょう。

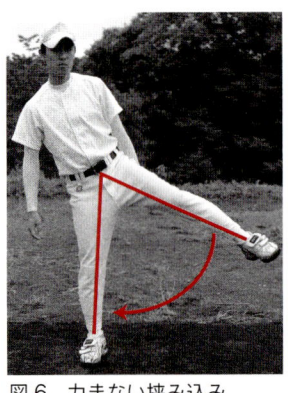

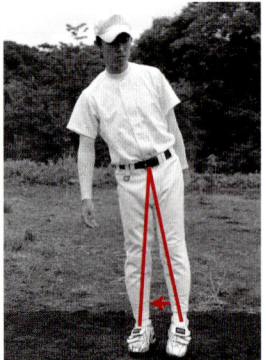

図6　力まない挟み込み

図7　「のせ」のドリルのよい例（左）と悪い例（右の3点）
　軸足の力が抜けていないと、軸足の膝が内側を向き、股関節が内旋してしまう。その結果、骨盤が後ろ（写真では向かって左）に逃げていってしまう。

1-5 「のせ」の感覚を維持する

　「のせ」は、時間にしてみれば一瞬のことかもしれません。動作のなかでこの感覚を保つこと、つまり軸足で安定させて姿勢制御することを考え、「のせ」の感覚を維持したまま、「はこぶ」動きにつなげていくことが大切です（図8）。

　しかし、実際の投球動作のなかで、「のせ」から「はこぶ」動作につなげていこうとすると、股関節、膝関節の力が抜けた感覚を忘れ、動きが硬くなって

図8　「のせ」の状態を維持する小林宏之投手（千葉ロッテマリーンズ）
（写真：ベースボール・マガジン社）

しまう投手も多くみられます。はじめのうちは、まず「のせ」の状態を自在につくれるように練習してみましょう。

1-6　足をよせる感覚

　軸足への「のせ」の感覚がつかめたら、今度は、前足を軸足へと近づけていく「よせ」動作について考えてみましょう。足をよせるときは、前足の膝や足先を意識して行ってはいけません。前足を動かそうと意識して行うのではなく、軸足にのった瞬間に前足が勝手に浮いて、スッとよってくるようなスイッチの感覚、足の付け根である股関節でよせるイメージをもってください。するとよけいな力が抜けて、よせがなめらかに行えるようになるはずです。前足のよせを股関節でリードしていく感覚が大切です。

drill 2　瞬間的に軸足に体重をのせてみよう

　軸足にのる感覚がつかめてきたら、これまで少しずつ刻むように行っていた前足のよせを、たとえば、5歩で完全に寄せて軸足にのる、次は3歩でのるといったように徐々に歩数を減らしていきます。そして最終的には1歩で瞬間的にのせをつくれるようになるまで、繰り返し行ってみてください（図9）。

図9　1歩で瞬間的に軸足にのせる

　感覚がつかめていればそうむずかしいことではないと思います。これで、ピッチングにもバッティングにも共通している「のせて力をためる」、「ボールを呼び込む」瞬間の形ができます。
　軸足にバランスよく自由なタイミングでのせる「のせ」の形がつくれるようになったら、前足が自由に動かせるかどうかを確認します。軸足にのった状態のまま前足をあげ、その足で円を描いたり、股関節の内旋・外旋などの運動を行ったりしてみてください（図10）。
　しっかり軸足に体重がのって前足がフリーになっていれば、バランスよく、

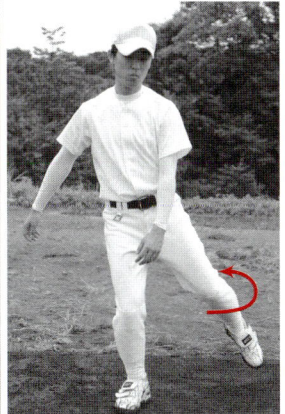

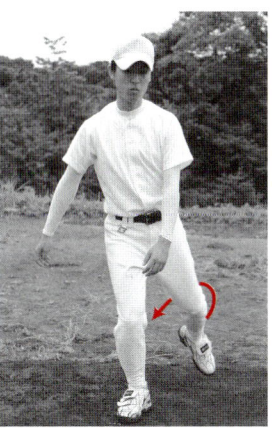

図10 「のせ」の状態の確認方法1
「のせ」の状態から前足をあげて内旋・外旋させてみる。しっかり軸足に体重がのって前足がフリーになっていれば、バランスよく、楽に回すことができる。

図11 「のせ」の状態の確認方法2
「のせ」の状態から片足でのジャンプを繰り返す。

楽に回せるはずです。それは、股関節の力が抜けて、軸足で柔らかく体重を完全に支えている状態といえるでしょう。つまり、軸足への「のせ」ができているといえます。

ここでのポイントは、軸足での「のせ」がしっかりとできていれば、前足を動かしてもバランスを崩すことはないということです。軸足での姿勢制御を有効に行うためにも、「のせ」は重要です。

「のせ」を確認する一つの練習方法として、「のせ」の姿勢での片足ジャンプがあります（図11）。「のせ」の状態をスタートポジションとして、軸足でジャンプし、着地の瞬間にまた「のせ」の状態をつくります。この際に安定した位置で「のせ」をつくることができれば、バランスを崩すことなくジャンプを続けることができます。着地のたびにバランスを崩しているようでは、安定した「のせ」ができていないということになります。膝で着地の衝撃を受け止めるのではなく、股関節で衝撃を緩和するイメージで行うと、「のせ」の感覚がつかみやすくなります。

ここまでのことがうまくできていれば、ピッチングの重要な要素である「の

> ### 知っておこう 1 股関節の位置は？
>
> みなさんは、「股関節を指で指してください」といわれたら、どこを指さすでしょうか。たいていの人は、太ももの付け根部分を指すのではないでしょうか。
>
> しかし実際は、英語のヒップ・ジョイント（Hip Joint）という表現が示すように、股関節は、左右のお尻（Hip）のえくぼのなかに埋まっています（図12）。
>
> 軸足の「のせ」が、股関節をぴちっとはめる感覚であるというのは、お尻のえくぼで、体重を受け止めるような感覚ともいえます。こう考えると、「お尻が大きい投手は大成する」と昔からよくいわれるのもうなずけます。
>
> （小田伸午）
>
> 図12 お尻のえくぼのなかに埋まっている股関節

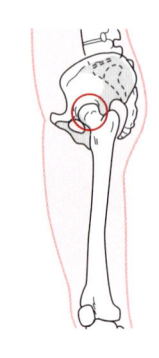

せ」の形がある程度完成しているはずです。一度感覚をつかんでしまえば、あとはいつでも、どんなタイミングでも「のせ」をつくることができます。自分自身の感覚で工夫し、いろいろと試してみてください。

1-7　うまくいかない理由

　何度もいうように、「のせ」の感覚は非常にむずかしく、最初のうちはなかなかうまくいかないことでしょう。

　以下に、陥りがちな間違いや、注意点、対処法、意識のもち方などを参考までに書いておきますので、自分のどこがいけないのか、「のせ」の動作を繰り返しながら、どの部分がどうなっているのかをよく感じ、考えながらチャレンジしてみてください。「のせ」は、投手人生の「灯台」をつくることです。じっくり、確実に築いていってください。

(1)股関節が内旋する

　前足を軸足によせるときに、骨盤がどうしても後ろ（投球方向と反対）へと動く、つまり腰が逃げるような感じになるのは、非常に陥りやすい間違いの一つです。

　前足を軸足方向に引き寄せるときに、骨盤が一緒に後ろに動いてしまうと、「のせ」の位置にバランスよくのることができなくなります（図13）。そもそも最初の段階で、軸足側に体重をあずけきれていないことがその原因で、軸足にのっていないために、前足の動きをフリーにできないのです。

　では、どうすれば改善できるのでしょうか。この症状が出たとき、軸足の膝を力んで内側に絞り込む、つまり股関節を内旋してしまってはいないでしょうか。こうすると、そこに内向きの力が働き、前足を近づけようとすると骨盤が

図13 骨盤が後方（投球方向と反対）に逃げている投球フォーム

軸足後方に逃げてしまいます。

「前足はないものとイメージして行うとよい」と述べましたが、それに加えて、前足を引き寄せる際に、骨盤が動かないようにすることをチェックポイントにしましょう。軸足の上にしっかり「のる」ことができていれば、前足を動かしても安定性は保てるようになります。

軸足の膝の内側への絞り込み（股関節の内旋）は、無意識な力みなどが原因で、知らず知らずのうちにくせになっていることが多いものです（図14）。内側への絞り込み自体は必ずしも悪いことではありませんが、これが骨盤の後方への逃げの原因になっていることは問題です。

二人組で向かい合って立ち、片方の人が観察者となって、パートナーの膝と足先の向きを観察してみてください。足先がまっすぐ前か外を向いていても、膝が内側を向いている人は、股関節が内旋しやすい傾向があると考えられます（図14）。

この状態で、「のせ」の状態をつくってみてください。膝が内側に入って、骨盤が後ろに逃げてしまいます。足先が内側を向いていても、膝がまっすぐ前を向いていれば、つまり、足先の向きに比べて膝の向きが外を向いていれば、

図14 股関節の内旋（左）と外旋（右）

図15 サンチン立ちの型
（モデル：小山田紳治）

　その状態から「のせ」の姿勢をつくったときに、あまり骨盤が後ろに逃げません。これは、足先が内を向いていても、股関節には外旋力がかかっているからです（図14）。足先が内側を向いているか、まっすぐ前を向いているかよりも、股関節に外旋力がかかっているかどうかがポイントになります。
　空手のサンチン（三戦）立ちという型をみなさんは知っているでしょうか（図15）。この姿勢は、足先を内側に向けて立っていますが、股関節には外旋力がかかっています。膝を外から内に向かってたたかれても、膝が内側に入らないように、外向きの力をかけて立っています。サンチン立ちは、野球選手も大いに参考にすべき姿勢です。
　さらに、足先の向きよりも膝の向きが内側に入らないようにするための一つのヒントをお教えしましょう。それは、軸足の内側の股関節から足首までを一つの面として感じるのです。こうすることで、軸足の股関節の内旋を防ぎ、結果として骨盤の後方への逃げを解消できます。
　軸足の内側を面として捉えて使う感覚は、後に述べる「はこぶ」動作において重要な足首の使い方にも関係してくるため、ここではその考え方だけでも理解しておきましょう。

(2)前足に力が入る

　これは先ほども述べましたが、前足に力が入る、つまり足をよせきったときに前足がフリーにならないということは、軸足の安定した「のせ」ができていないからです。この状態では、投げ動作を起こすときの姿勢保持がむずかしくなり、結果として、バランスを崩してしまいます。
　軸足に安定してのっているからこそ、前足をフリーにすることが可能となります。軸足で姿勢をコントロールするためのステップとして、まずは「のせ」の感覚をしっかりつかむ必要があります。

(3)形だけを求めてしまう

　「のせ」の感覚をつかむのはそう簡単なことではないかもしれません。うまくいかなければいかないほど、よけいな力が入ってしまいがちです。そのことが、さらに感覚をつかむことの邪魔をします。この悪循環にはまってしまわないためにも、たとえうまくできなくても、力だけは抜いて行うことです。

　さらに、本書を読んで実際に行っていくなかで、正しくできているかどうかがわからないという問題も出てくるでしょう。形を説明やドリル、図を参考にしてチェックすることは必要ですが、形だけを追うことは失敗の原因になります。目でみた形よりも、自分のからだで感じることが大切です。

　「のせ」の動作で大切なポイントは、なによりも安定したポジションで、軸足に体重をあずけているかどうかにあります。そして、その動作がよけいな筋肉の緊張を起こさずに、楽にできていることも重要です。

　人によって表現は違いますが、「重心がピッと安定するポジション」「股関節がピシッとはまるポイント」があります。どのような姿勢からでも、すぐに安定した状態で軸足に体重をあずけることができるようにしましょう。からだで覚えるまではたいへんですが、一度感覚をつかんでしまえば簡単にできるようになります。

　できない場合は、できない原因が必ず存在します。上記の陥りやすい問題点を参考にしながら、極端に形や意識を変えてみるなど工夫をこらし、根気よく、「のせ」を自分のものにできるように、自分なりの「のせ」の感覚を探していきましょう。「こういう動きは絶対やってはいけない」と思い込んでいた動きをやってみると、案外うまくいくこともあります。

　要は、自分の感覚と最終的にできる「形」の対応を、察知していくことです。「腰が後ろに逃げるときは、こんな感じがするんだ」「腰が後ろに逃げずに股関節がピシッとはまるときには、こんな感覚になるんだ」というふうに、自分の感覚を通じて、からだがつくる形を追い求めていくのです。目でみた形を感覚でとらえるということです。からだでわかるとは、感じ、感覚でわかる、ということです。

　剣道や茶道、能など、日本の伝統的な武道や芸能の修行の段階をあらわす言葉に、「守・破・離」という言葉があります。一般には、「守」の段階は型に変化を加えることなくもっぱらまねる段階、「破」はその型を打ち破り、その人の創意工夫が付け加えられる段階、そして、「離」はその型を離れ、個性的な技が自由に表現される段階と理解されています。守って、破って、離れるのです。野球選手にも、動作習得の段階で、「守・破・離」は大きな意味をもつものと考えられます。

2 知っておきたい「はこび」のこと

2-1 「はこび」のカギは軸足

　「のせ」によって軸足に柔らかくしっかり体重をのせることができたら、今度は前方に移動し、力を伝えていく必要があります。これが俗にいう体重移動、「はこび」です。

　「体重移動はお尻から前に移動するように」「軸足の内側の力で全体重をはこぶ」「内側にエネルギーを溜め込む」などと表現されます。「はこび」の動作では、重心を投球方向に並進運動で移動することが基本となります。

　体重移動を行うには、まず足をあげて片足に重心をあずけて「のせ」の体勢をつくり、次に「はこび」動作に入っていきます。著者（土橋）は、「はこび」動作、すなわち体重移動をコントロールするのは軸足だと考えています。

　体重移動というと、プレートを蹴るなどして勢いをつけようとする選手も多く見受けられますが、それでは軸足でうまく姿勢を制御することができなくなってしまいます。その結果、ピッチング動作中にバランスを崩したり、ためた力をまっすぐ、無駄なくはこべなくなったりする可能性があります。

　ここでもやはり自然な感覚を大切にし、力を抜いて軸足にのった「のせ」の状態から、からだが自然に倒れ込む力を利用した「はこび」へとつなげたいものです。体重移動とは、「安定を崩す」ことでもあります。軸足にのせた重心を崩すことで体重移動が始まります。

　では、安定の崩し方にはどのような方法があるのでしょうか。安定の崩し方、すなわち、重心の移動のしかたにはさまざまな方法があり、プロの選手をみてもその方法は多様です。本書においてはそのなかの一つの方法を紹介しますが、ほかにも方法があることは覚えておいてください。

　「のせ」でもお話ししたように、本書におけるドリルはピッチングにおける「灯台」をつくるという意味で、投げ動作のフォームを形づくるだけでなく、フォームの修正を行いやすくするという目的も含めて、ピッチングに必要なからだの使い方を紹介しています。あくまでフォームを断片化して、目にみえるようにして、それによって自分のフォームを知り、フォームが崩れても自分で修正ができるようにする、という意図があります。

　体重移動のしかたには、「第2章　体幹について知ろう」で述べた、非投球腕の外旋の動きや、踏み込み足の内旋・外旋の動きなどもあります。しかし、フォーム修正の基準をつくることが重要であるという意味では、軸足で安定を崩すことを覚えるのがいいのではないかと思います。

　では、「はこび」の下半身の動きについてお話ししていきましょう。

2-2 軸足の内転筋の役割

体重移動時の軸足の使い方について考えていきましょう。よく「軸足の内側に力を入れる」「内転筋に力を入れて体重を移動する」(内転筋：太ももの内側にある筋肉、図16) ということがいわれます。

骨盤を投球方向にはこんでいく動きは、一見すると軸足の外転運動によるものと思われがちです。事実、トレーニングの指導書には、外転筋の重要性が記載されたものもあります。運動の方向だけでみるなら、確かに股関節は外転方向に動いていますが、実際は、股関節には内転の力がかかっています (図17)。

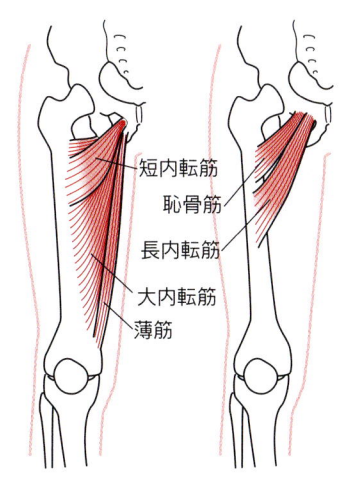

図16　内転筋

骨盤を水平に保って、姿勢を制御しようとするのが軸足の内転筋の働きです。骨盤が水平のまま体重移動できるように、内転筋がエキセントリックな収縮(引き伸ばされながら収縮) をしながら、姿勢制御に働いています。つまり、内転筋を引き伸ばしながら (ストレッチさせながら)、内転筋に力を発生させるのです。

では、ピッチングにおいて、なぜ軸足の内転筋が重要なのでしょうか。それは、重心が勝手に前にいかないように、重心を軸足の上にためておく役割をはたしているからです。体重移動のときには、移動を加速させる直前まで軸足に重心を残しておくことが重要になってきます。その際に、軸足での「ため」の姿勢を保っているのが、内転筋なのです (図18)。

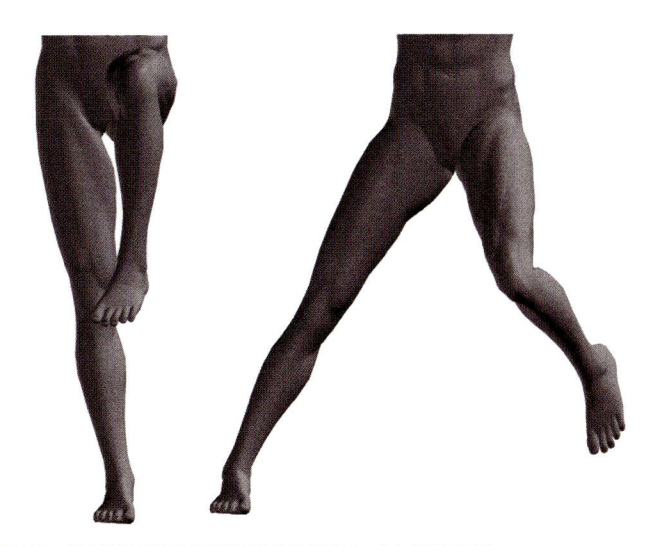

図17　体重移動時の右股関節の外転動作 (右投手の例)
　　　股関節には内転の力がかかっている。(小山田良治作図)

図18 軸足（右足）の内転筋の働きで、バランスが崩れるギリギリまで粘る小林宏之投手（千葉ロッテマリーンズ）
（写真：ベースボール・マガジン社）

2-3　股関節の構造を知ろう

　下半身の使い方をマスターする上で、股関節の構造やその機能について知っておくことは重要です。股関節は、大腿骨と寛骨（腸骨・恥骨・坐骨から構成され骨盤の左右に位置する骨）とによって構成され、骨盤は、左右の寛骨と第5腰椎・仙骨（仙椎）・尾骨（尾椎）でつくられる骨格です（図19・20）。

　股関節は、指や肘の関節とは違ってどの方向へも自由に運動することができ

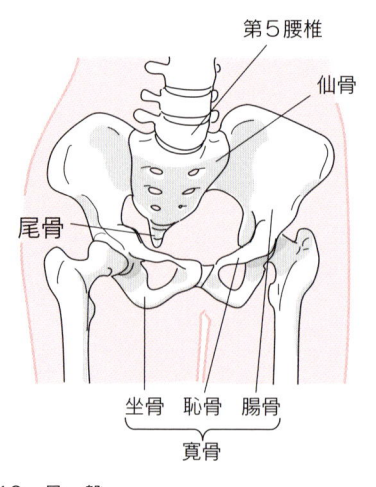

図19　骨　盤
　骨盤は左右の寛骨と第5腰椎、仙骨、尾骨からなり、股関節は寛骨と大腿骨によって構成されている。

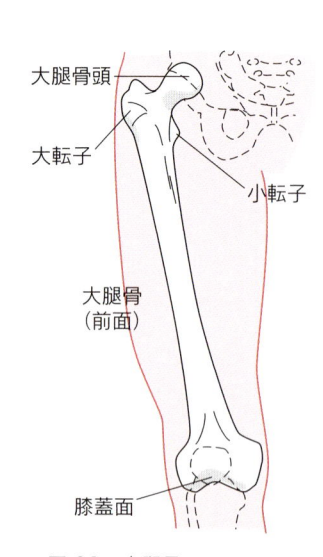

図20　大腿骨

る多軸性関節で、臼状関節とよばれる球関節の一種です。また、股関節は、からだを支持するために寛骨の臼蓋とよばれる関節面が大腿骨頭の 2/3 を覆うことで、肩関節に比べ可動域は狭くなりますが、膝関節・足関節などの補助を受け、着地などの強い衝撃による脱臼などのけがを防ぐ構造になっています。

2-4　股関節の動きを知ろう

　股関節の運動は、その方向によって、①左右軸運動、②前後軸運動、③垂直軸運動の 3 つに分類でき（図 21）、それぞれ、①屈曲・伸展、②外転・内転、③外旋・内旋の動きを行います。

　「屈曲・伸展」「外転・内転」「外旋・内旋」は関節の動きを示し、たとえば、屈曲・伸展させたまま維持した状態を屈曲位（屈曲位置）・伸展位（伸展位置）といいます（図 22・23）。

　屈曲・伸展は、股関節の左右軸による運動です。図 24 の左股関節の動きは、左（屈曲位）から右（伸展位）へみれば伸展、右から左へみれば屈曲になります。同様に、図 25 の両脚支持の例では、左から右へみれば股関節の伸展（体幹の後屈）、右から左へみれば股関節の屈曲（体幹の前屈）の動きになります。

　外転・内転は、股関節の前後軸による運動です。図 26 は、左（内転位）から右（外転位）へみれば外転、右から左へみれば内転になります。上段は遊脚として、下段は支持脚としての外転・内転の動作です。左脚を支持脚としての動作では、右の骨盤が上下動します。左股関節が内転位のとき、右の骨盤は下がり、外転位のときはあがります。

　外旋・内旋は、股関節の垂直軸による運動です。図 27 は、左（外旋位）から右（内旋位）へみれば内旋、右から左へみれば外旋になります。上段は右足に荷重したときの左股関節の回旋運動、下段は左脚を支持脚とした場合の回旋運動です。左脚を支持脚とした動作では、右から左に向かって左股関節が外旋運動を行います。

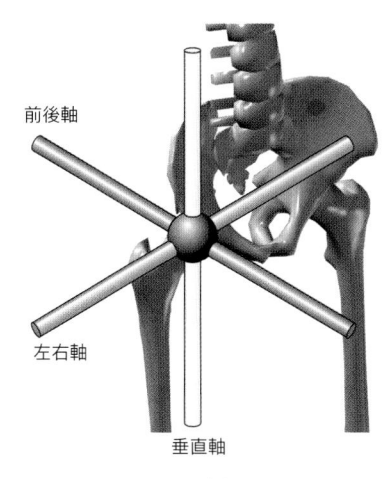

図 21　股関節の運動方向　　　　図 22　股関節の屈曲位　　図 23　股関節の伸展位

伸展 → 屈曲

屈曲位　　　　　　　　　　　　　　　　　　　　　　　　　　　　伸展位

図 24　左股関節の伸展と屈曲

伸展 → 屈曲

屈曲位　　　　　　　　　　　　　　　　　　　　　　　　　　　　伸展位

図 25　両脚支持時の股関節の伸展と屈曲

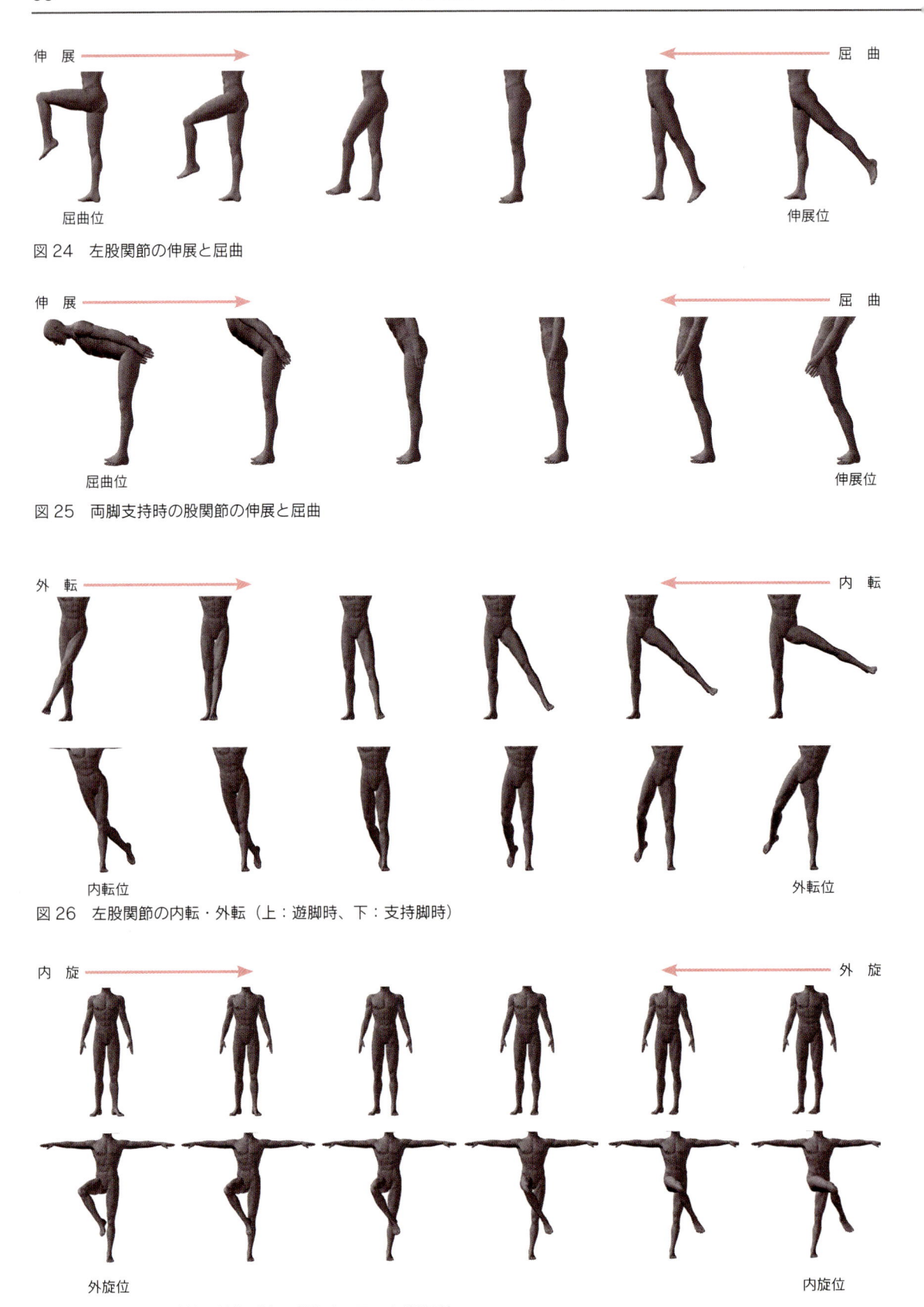

外転 → 内転

内転位　　　　　　　　　　　　　　　　　　　　　　　　　　　　外転位

図 26　左股関節の内転・外転（上：遊脚時、下：支持脚時）

内旋 → 外旋

外旋位　　　　　　　　　　　　　　　　　　　　　　　　　　　　内旋位

図 27　左股関節の内旋・外旋（上：遊脚時、下：支持脚時）

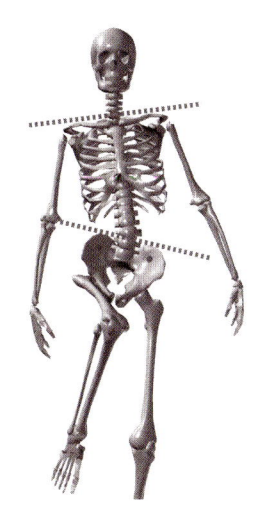

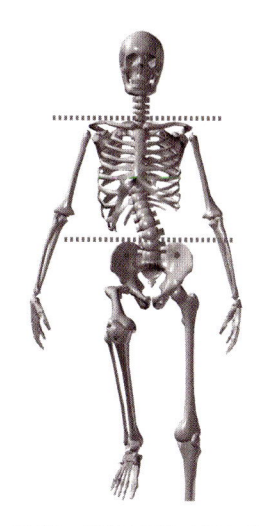

図 28　骨盤が傾き、肩が逆側に傾いた状態
　　　　　　　　　　　　　　　　（左投手）

図 29　骨盤も肩も水平な状態
　　　　　　　　　　　　（左投手）

　股関節は、運動中、常に３つの運動軸の作用を受けています。屈曲・伸展をする場合でも、たんに屈曲・伸展しているだけではなく、骨盤の水平保持のために前後軸運動・垂直軸運動の作用を受けています。つまり、股関節の外転・外旋の動きが、骨盤の水平保持のためには重要になります。

　骨盤の水平保持は、体幹部を効果的に使うために重要で、水平が崩れると、からだは体幹部でバランスを保とうとします。そのため、図 28 のように骨盤と反対側へ肩を傾かせます。骨盤が水平に保持されている図 29 の場合は、肩も水平です。

　図 28 では、あげた脚の股関節が内旋・内転しています。この状態だと、あげた脚の骨盤は高く、同側の肩が低い、俗にいう「突っ込み」やすい姿勢となります。この状態を改善するには、図 29 のように、あげた脚の股関節を外旋・外転させます。そうすると、骨盤を水平に保つことができ、両肩のラインも水平になります。股関節の動きで、骨盤の水平を保つことも、動作の重要なヒントになります。

2-5　重心の崩し方

　ここまで、なぜ軸足の内転筋が重要なのかを説明してきました。姿勢を制御し重心を軸足に残す（「ためる」）という意味で、内転筋の重要性はわかっていただけたと思います。ここからは、重心を軸足にためた状態から体重移動に入るときの、軸足の足首で重心を崩していく方法を説明します。

　前足をあげて軸足で立って静止しているときには、重心点は、かならず軸足（支持基底面）の真上にあります（図 30）。この状態が、静止して立っている「のせ」の状態です。

　重心移動のきっかけをつくる一つの方法としては、図 31 のように、軸足の

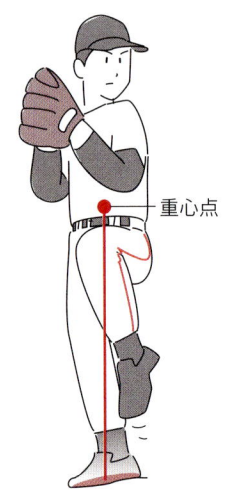

図30　重心点が荷重点の真上にある「のせ」の状態

図31　重心を崩すきっかけとなる足首の動き
軸足の足首を外側に倒すような感覚で、足裏のアウトエッジに荷重する。

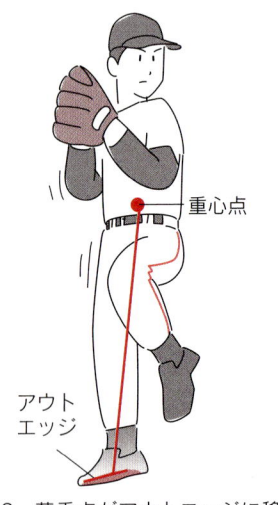

図32　荷重点がアウトエッジに移り、重心点が荷重点の前に移動した状態

足首をほんの少し外側に倒す方法があります。こうすると、安定して立っていたからだが前に倒れはじめることがわかるでしょう。軸足の足首をほんの少し外側に倒すことで、重心点が軸足より前に出た状態ができます（図32）。これが重心が崩れた状態で、「はこび」のきっかけとなります。

この後、足首を外側から内側に向かって回転させ、下腿を投球方向に倒して重心を移動していきます。体幹をまっすぐ立てて骨盤が水平な状態のまま、スーッとスムーズに体重が投球方向に移動することも重要です。頭が（投球方向に）突っ込むことがよくないことはよく知られていますが、ここでは骨盤が水平なままということが重要です。骨盤が後ろに傾くと、重心が

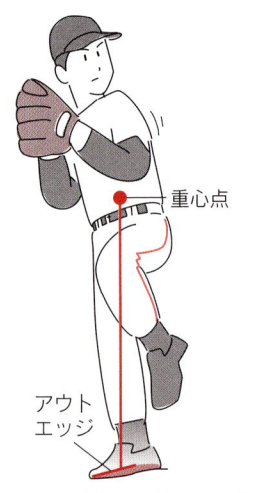

図33　骨盤が後ろに傾いて、重心点が荷重点の真上に残った状態

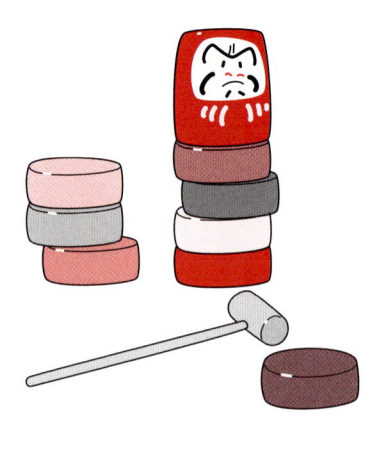

図34　ダルマ落としのイメージで体重移動をする

図35　頭が残った状態で、骨盤が前に移動する（千葉ロッテマリーンズ・清水直行投手）
（写真：ベースボール・マガジン社）

後ろに残って、スムーズな体重移動を妨げます（図33）。ダルマ落としのように（図34）、頭が残った状態で骨盤が前方に抜けていくようなイメージをもつことも有効です（図35）。

「軸足の内転筋、内側の感覚が大事」と聞いて、軸足の膝を内側に入れて、軸足の股関節を内旋させるように誤解をしている投手もよくみられます。この点も注意しましょう（図36）。

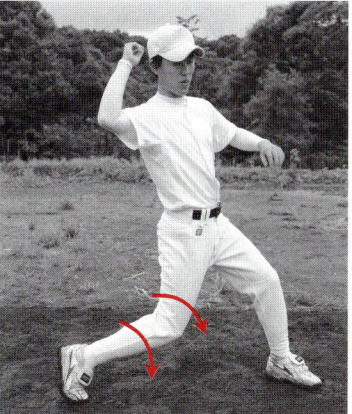

図36　軸足の膝が内側に入り、軸足の股関節が内旋した悪い例

drill 3

足首を使って体重移動をコントロールしよう

このドリルでは、「はこび」の動作に重要な足首の使い方を身につけます。まずは、脚（股関節から足首まで）が一本の棒のようになっていると想像してみてください。そして、棒のいちばん下の部分（つまり足首）だけを外側、真ん中、内側へと倒すように動かしていきます（図37）。

図37 「はこび」の動作で重要な軸足の足首の使い方

足首を外に倒して安定を崩すきっかけをつくることはすでに述べました。その後、足首が内側に回転するときに、軸足はそのまま内側に倒れていくはずです。木の棒の根元を動かせば、当然、全体がそれにしたがって倒れるというわけです。

ではなぜ、足首の外側、真ん中、内側に感覚を置いて体重移動をするのでしょうか。それは、動きの幅の小さい末端で重心移動を制御した方が、ピッチング全体に与える影響が少なく、姿勢制御がしやすいからです。

内転筋の伸張性収縮（短縮性収縮ではない）でバランスを保持させ、足首を支点にして軸足が投球方向に倒れる回旋運動から始動するイメージをもつことで、膝が内側に入る欠点が出ないかどうかをチェックすることもできます。

図38 軸足の足首がまっすぐな状態から内側に倒れていく体重移動

ドリル3で行ったように、軸足を一本の棒のように（力を入れないように注意すること）、そして、脚の内側を一つの面としてとらえてみてください。このイメージがつかめると、体重移動の始動時に膝が内側に入ったり、股関節を内旋させてしまったりすることを防げるはずです。

つま先と膝の向きが一緒であることが、この体重移動の際のポイントになります。あくまでも足首が先導し、他の部分はそれにしたがって動くだけです。これができれば自然な感覚で体重移動を始めることができるはずです（図38）。

2-6　軸足でプレートを蹴ったほうがいいのか

軸足の使い方に関して、軸足で蹴るのかどうかということがよく話題にのぼります。たとえば、曲げた軸足の膝を伸ばしてプレートを蹴るような感覚は必要なのかということです。

これに関して、著者（土橋）は、これまで日本のプロ野球選手をはじめ、いろいろな選手と話をしてきました。彼らと接するなかで、プレートを蹴ることをことさら意識して投げる投手はあまり見受けられませんでした。しかし、実際の指導のなかでは、「軸足を伸ばしてプレートを蹴りなさい」「蹴ることで腰の回旋力が大きくなるから、プレートを蹴りなさい」といった指導が行われることがあります。

実際には、どうなのでしょうか。ピッチング動作のなかには膝を伸ばす局面があるので、最後まで意識してプレートを蹴り続けた方がよいという考え方も

知っておこう 2　メジャーリーグと日本の投手の違いって？

1995年、野茂英雄投手がメジャーリーグに挑戦し、成功を収めて以来、数々の日本人選手がこの世界最高峰の舞台に挑戦しています。今やメジャーリーグは日本人にとってなじみのあるものとなり、テレビでも観戦できる時代となりました。

ところで、テレビ中継でメジャーリーガーのピッチングをみていて、何か感じることはありませんか。多くの人は、メジャーリーグの投手の投げ方が、日本人投手の投げ方と少し異なっていることに気づくのではないでしょうか。一般的に、高い位置から倒れ込むように投げるメジャーリーグの投手に比べ、日本人投手はより下半身を使って投球し、軸足でプレートを蹴るといわれています。このことは研究のデータでも示されています。

日本人投手（大学生）と、アメリカ人投手（大学生・高校生）の投球中の地面反力を調査した2つの研究があります。それらの研究では、投球中に軸足が地面を後方へ蹴る力のピークが、日本人投手では体重の0.7倍（島田一志たちの研究、2000年）、アメリカ人投手では体重の0.35倍（Mac Williams BAたちの研究、1998年）であったというデータが示されています（ちなみに、日米の投手ともにピークは前足接地前にあります）。これらのデータは、日本人投手の方が軸足で地面をより強く蹴っていることを示しています。

（土屋真司）

うなずけます。しかし、膝が伸びる局面では、前足への重心移動がすでに行われた後であるため、軸足の膝を伸ばしても、腰の回旋力に与える影響はほとんどありません。

このような点から考えると、勝手に軸足の膝が伸びることはあっても、意識して軸足の膝を伸ばすという感覚は必要ないといえます。「のせ」から「はこび」にかけて、体重移動がスムーズに行われれば、意識して蹴らないでも、プレートを蹴る力は充分に発揮されています。

2-7　リリース時の軸足の膝の向き

ピッチングにおけるリリース時（ボールを離すとき）の軸足の膝の方向について、ちょっと興味深い話があります。腰の回旋は、軸足の股関節の内旋・外旋のどちらによってもたらされる動作なのかという問題についてです。

結論を先にいうと、骨盤の回旋は軸足の股関節の外旋によってもたらされ、最後に内転することで骨盤が回旋するといわれています（図39）。リリースの瞬間だけをみると、股関節が内旋している（軸足の膝が内側を向いている）選手もいれば、外旋している（軸足の膝が外側を向いている）選手もいます。プロ野球の選手でも、リリースの瞬間に軸足の膝が外側に開いている選手と、膝がクルッと内側を向いて股関節が内旋している選手がいます。

軸足が前に出てくるときに、膝が外側に開く選手、たとえば、川上憲伸投手や桑田真澄投手、工藤公康投手などの選手は、ギリギリまで重心を後ろに残して、前足が着く瞬間に順序よく下からエネルギーを伝えていきます。これが、膝が外側に開いている選手に共通の動きのようです。

逆に軸足が前に出てくるときに、膝がクルッと内旋する選手には、西口文也投手や岸孝之投手などがいます。この場合、重心を後ろに残すのではなく、早

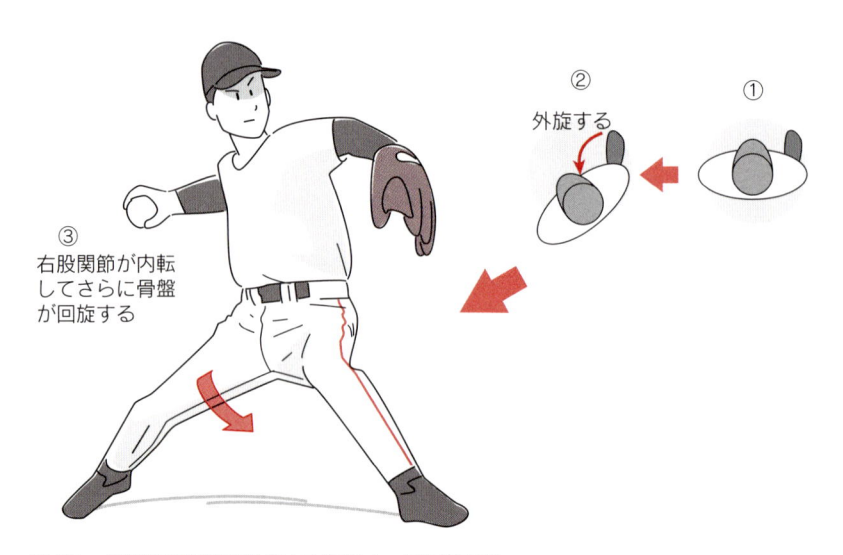

図39　骨盤は股関節の外旋と内転によって回旋する

く前に体重をのせてしまって、前にのってクルッと回るため、上体に引っ張られて軸足の膝が内側を向くのではないかと考えられます。内旋しているときには、軸足は地面に着いていても、働いていないと考えています。

骨盤の回旋は、軸足の外旋動作と内転動作により起こると述べましたが、ピッチングの段階による時間的なズレが、このリリースの瞬間にも現れているのではないでしょうか。もしそう考えるならば、軸足の制御を使うか使わないかということにも関わってきます。ギリギリまで軸足で姿勢制御を行う必要のある膝が外側に開く投手は、下半身、お尻周りが大きい人が多いのに対し、軸足による重心の制御をあまり必要としない、軸足の内旋する選手は下半身が細い人が多いということも、考えてみると面白いかもしれません。

どちらがいいという問題ではなく、姿勢制御したいから最後まで後ろにため

知っておこう ③　肋間のつぶしって？

右投手は前足（左足）への体重移動を重視し、左投手は軸足（左足）のために重視する。いずれも左足側に体重をシフトさせるのですが、このときの体幹の使い方として、一つのヒントを提示しましょう。

それは、右肋間（ろっかん）をつぶすのです。右胸の高さの右体側を右親指で左側に押してみてください（図40）。これが、左に体重を寄せるときの体幹の使い方です。左前腕を上にして腕組みをしてみてください。左の脇を締めるようにすると、中心軸が左に平行移動するような体幹の動きが感じ取れると思います（図41）。このとき、右肋間はつぶれています。

左前腕を上にして腕組みして、右投手と左投手のそれぞれの投げ動作をシャドーピッチングしてみてください。右投手と左投手の微妙な動作感覚の違いがわかるはずです。右投手は、前足へののり込みのときに、左前腕を上にしたときの左脇を締める感覚がぴったりときます。左投手は、軸足の「ため」と中心軸を左に寄せる感覚がぴったりすると思います。体幹の柔らかさが野球選手には必要ですが、この肋間のつぶしの柔らかさも、おおいに訓練しておきたいものです。

（小田伸午）

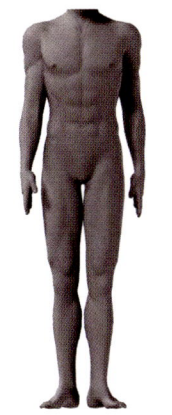

図40　右肋間のつぶし（右肋間をつぶして体幹を左に寄せている）

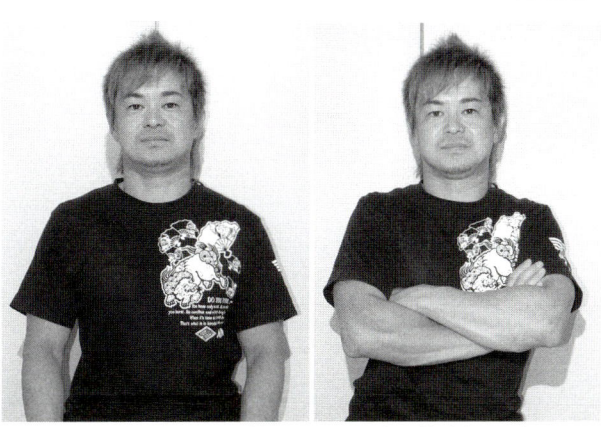

図41　左前腕を上にして腕組みをして、左に体重をシフトさせる
（モデル：プロ競輪選手・服部竜二）

て投げるタイプと、早く重心を前にのせてしまって投げるタイプとがあるということなのかもしれません。

「第２章　体幹について知ろう」で、右投手は前足にのっていく投げ方がフィットし、左投手は軸足にためる投げ方が合う、という話をしました。もちろん、右投手も軸足にのることは重要ですし、左投手も前足の方に体重を移動させることは重要です。

この本のドリルは、右投手、左投手にも共通して行って欲しいものを厳選して紹介しています。そのうえで、右投手と左投手の感覚の微妙なズレを感じ取ることで、飛躍する選手が出てくる可能性があります。そういう意味で、右投手と左投手の感覚の違いについても記述しました。「こうでなければならない」と受け止めるのではなく、実際にやってみて、あなたの感覚に合うようだったら取り入れてみてください。

drill 4　上体を軸足に残して重心移動をしよう

上体を残して、重心の「はこび」の練習をしていきましょう。図42のように、両手で柱のようなものにつかまった状態から、前足の方に体幹を移動します。

イメージとしてはダルマ落としの要領と同じです。よく「ヒップ・ファースト」といわれますが、軸足、頭の位置はそのままで、骨盤だけ前方に抜けていく感覚です。

図42　両手で柱のようなものにつかまった状態から、前足の方に体幹を移動する

図42では、柱で上体が支えられているため、腰だけが前足の方に動き、手を離せば前方への推進力が一気に解放されるはずです。この感覚が重心移動の際に力を伝える役割を果たすのです。

3 知っておきたい**腰の回旋**のこと

　ここからは、前足への体重移動と腰の回旋について述べていきます。

　まずはじめに、腰（骨盤）はどうして回旋するのでしょうか。腰椎の回旋によって骨盤が回旋すると思っている人はいないでしょうか。ところが、腰椎の一分節は、片側に1度（両側に計2度）しか回旋しません。腰椎は5つあるので、腰椎全体では片側に5度（両側に計10度）動くことになります。つまり、腰椎はほとんど水平回旋（軸回旋）しないのです（P.51 図2参照）。

　では、腰（骨盤）の水平回旋はなぜ起きるのでしょうか。それは、左右の股関節が回旋運動を行うからです。腰が回るのは、股関節が回るからなのです。

　実際にからだを動かしてみて、からだで理解しましょう。両足を骨盤の幅に開いて、床につけたまま動かさないで、体幹を回旋すると、腰（骨盤）が回旋します。このとき、腰（骨盤）は股関節の内旋・外旋によって回旋するのです。

　投げ動作における腰の回旋は、軸足の股関節から踏み込み足の股関節へ体重を移動しながら起きる、両股関節の内旋・外旋運動がポイントとなります。腰を回すというイメージよりも、後ろから前の股関節にスイッチを切り替えるようなイメージをもつといいでしょう。

3-1　前足の力の抜けた踏み込みを覚える

　前足の自然な踏み込みの感覚を身につけましょう。まずは、前足を軸足の前で交差させます。そして軸足の足首を外側から内側に回すようにして、足首を内側へと倒していきます（図43）。すると徐々にからだが倒れ、最終的には地面に叩きつけられるのを防ぐために、交差させていた前足が自然に前に踏み出されるはずです。図43の左から2番目の写真のように、ギリギリまで足を出

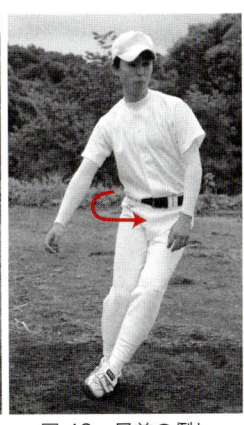

図43　足首の倒し
　前足を軸足の前で交差させ、軸足の足首を外側から内側に回すようにして、足首を内側へと倒し続ける。

さずに、倒れる瞬間に前足を踏み出します。この感覚が自然な踏み込みの動作で、これは軸足での制御の練習になります。

前足の股関節や膝は力んで絞らずに、力を抜いた状態にしておき、ギリギリまで前足の始動をがまんすることが大切です。この感覚を身につけることによって、上体は突っ込んだり、開いたりせず、自然に残るものというイメージができ、自然な体重移動ができるようになります。前足の自然な踏み込みの感覚や始動のタイミングも、つかむことができるはずです。そしてこのタイミングこそ、後ろ足にあった体重を前足に受け渡すタイミングということになります。

3-2　スイッチのイメージをつかもう

次に、後ろ足にあった体重を、前足に受け渡すスイッチのイメージをつかむための簡単なドリルを紹介します。

drill 5　体重を両足の間で受け渡してみよう

まず、ふつうに立った状態から片足だけをつま先立ちにします。このとき、体重はつま先立ちをしていない方の足にかかっているはずです（図44）。この状態から徐々に体重をのせている足の踵をあげていき、最終的には、はじめにつま先立ちした足に体重を受け渡します。すると、最初につま先立ちしていた方の足はバタンと一気に落ち、両足の関係は最初とは反対になります。

図44　体重移動のイメージをつかむためのドリル
体重がのっている方の踵を徐々にあげていき、がまんができなくなったら、はじめにつま先立ちしていた足の踵を一気に落とす。

がまんした状態から、一気にバタンと落ちた感覚が体重移動のスイッチ切り替えの感覚です。何度も繰り返して、イメージを具体化していってください。

武術の世界では、動きの習得の段階として「型」がありますが、このドリルはまさに体重移動の「型」にあたるものです。このドリルは、ピッチング動作から、体重移動（軸足による体重の送り方）だけを取り出したもので、姿勢を制御しながら反復して行う必要があります。

重心の崩しという不安定な状態を意図的につくり、そのなかで姿勢制御しながら体重移動をしますが、このドリルは両足を着いて行うため、本来不安定な動作を安定して行うことができます。実際の動的な重心移動の動きのなかでは動作の確認がむずかしいことも、両足を着いた状態で動作を再現することで、フォームを比較的容易に確認することができます。

また、ゆっくりと動作の確認を行えるため、ごまかしがきかないという利点もあります。股関節の内転筋の使い方がわかるのもこのドリルのポイントです。

3-3　体重移動のイメージをつかもう

次に、体重移動をスムーズに行えるようにするためのドリルを紹介します。

drill 6

軸足の足首に着目して骨盤を直線的に動かしてみよう

まず四股を踏むような姿勢から、足を地面から離さずに、骨盤を前傾させたまま左右に移動していきます。このときに、骨盤が水平に移動することが重要です。足首の外側から、真ん中、内側へと力を伝えていき、軸足の内転筋で支えて移動していきます（図45）。これは、姿勢制御の練習にもなりますし、軸足の太ももの内側（内転筋）を引き伸ばしながら、負荷をかけながら行うため、トレーニングとしての効果もあります。

この動作をゆっくりと何度も反復して行ってください。ここで大事なのは、軸足で蹴る意識をもつのではなく、膝を伸ばさない状態で内側に倒していくことです。イメージとしては、膝の内側を地面につけるような感じで体重移動をしていきます。

軸足で制御しながら、直線的に骨盤を動かすことがポイントになります。骨盤を回さずに股関節の内側でこらえながら、骨盤を運んでいく制御の練習だととらえてください。

図45　より投球動作に近い形で体重移動のイメージをつかむ練習
　軸足の足首を倒していくことで、後ろにあった体重を前に切り替えていく。軸足で蹴る意識をもつのではなく、膝を伸ばさずに内側に倒していくことが大切である。

知っておこう 4　上野由岐子投手は何が違うのか？

　前足への乗り込み方、体重移動について、ソフトボールの投手の動作で考えてみましょう。わが国の女子ソフトボールの投手のほとんどは、踏み出す足をインステップでブレーキをかけるようにして投げますが、日本代表の上野由岐子投手（右投げ、ルネサス高崎）の投げ方は少し違います。

　上野投手は、インステップ気味に踏み込み、つま先が内側（三塁側）を向いているのですが、そのままブレーキをかけるのではなく、前足に乗り込んでいく動きをみせます。前足に乗り込んでいくときに、前足のつま先が左に向かって（一塁方向に）回転します（図46）。つまり、前足で骨盤をクルッと巻き込むような感じで骨盤が回旋します。前足が外旋しながら着地するため、リリース後に、右足が左足を越えて、前に踏み出されます。

　他の投手は、左足は内旋させたまま着地します（内旋着地、図47）。したがって、着地した瞬間、前に進んでいたからだにブレーキがかかり、右足を左足にぶつけて、リリース後、からだは止まってしまいます。これは、バント処理など、ピッチャー方向に飛んできたボールを処理するときに、スタートが遅れることにもつながります。上野投手のような外旋着地の踏み込みならば、バントやピッチャー方向に飛んできたボールに対しても、うまくスタートをきることができます。

　アメリカ代表クラスの投手をみてみると、右投げの投手は、左足をアウトステップして、左足を軸として右半身を前に出すような動作で投げています。インステップする日本の右投手とは違う投げ方です。一方、オスターマン投手などの左投手は、右足をインステップして、右足を回り込むようにして左半身を前に出す投げ方をしています。

　日本の女子の右投手は、アメリカの左投手のような投げ方をしているともいえます。　（小田伸午）

図46　上野由岐子投手の踏み込み足（左足）の外旋着地
　　　右の写真のあと、右足が左足を越えて前に出てくる。
　　　　　　　　（写真：ベースボール・マガジン社）

図47　内旋着地でブレーキをかけている坂井寛子投手
　　　　　　　　（写真：ベースボール・マガジン社）

3-4　さらにピッチングに近い形を体感する

　ドリル6で何となくイメージが具体化されてきたら、それをより実際の動作に近づけていきます。このとき、前足は軸足の踵のライン上に置くようにします。その体勢のまま、軸足の足首で内側へ内側へと押していくと、あるところで軸足にあった体重が前足に移り、前足のつま先がパタンと倒れるはずです。

　注意することとしては、姿勢制御で重心を後ろに残しておくために、移動中に膝を伸ばさないようにすることです。そのためにも、軸足はしっかりと抜きの状態を維持し、軸足の内側を面にしたまま押し込んでいくことです。軸足の内側でこらえながら姿勢を制御する練習としてとらえてください。

　この感覚は、体重移動においてたいへん重要になってきます。無意識にできるようになるまで繰り返してください。

3-5　腰の回旋では何が大切か

　実際の投球フォームでは、腰（体幹下部）の回旋にほんのコンマ何秒か遅れて肩（体幹上部）の回旋がついていく形になります。

　腰の回旋については、ドリル6を思い出してください。軸足側の腰（投球腕側の腰）を最初は非投球腕側の腰と並進させるように（回さずに）前に移動させながら、前足の着地と同時に鋭く回旋させ、今度は前足の股関節を内側に絞り、さらに前足の股関節をはめ込んでいく感覚で行っていきます。

　この意識をもつことによって腰が小さく鋭く回旋し、からだも後ろ（投球方向と反対）に反りかえらなくなるため、力をより投球方向へ伝えやすくなります。腰の回旋を小さく鋭くするイメージをつかむために、「第2章　体幹について知ろう」で示したように、竹とんぼを回すときのイメージも有効です。からだの中心の芯を、左右のからだをこすり合わせるように、内側から動かすような感じをもってみるのもよいことです。

　右投手は、右ネジの法則でいうと、弛めるように前の足にのって腰を回旋させていくため、前足（左足）の着地位置は、アウトステップ（外側）を好む人が多いようです。一方、左投手は、きゅっと締めるように前足（右足）にのって腰を回していくため、インステップ（内側）を好む場合が多いようです。

3-6　腰の回旋のタイミングとは？

　先に述べましたが、著者（土橋）の指導体験では、ギリギリまで腰を回さずに体重移動する感覚で行うことがいちばん力が出るようです。腰の回旋動作の指導では、よく「からだを開くな」「肩を開くな」といわれますが、実際はからだが開かないと投げることはできません。開くタイミングがきたら、思い切りよく開かなくてはいけません。

　では、どの瞬間にからだを開けばいいのでしょうか。これは、頭で考えても

うまくいくものではありませんが、著者は、前足が地面に着いた瞬間に腰が回る感覚を奨めます。下肢からのエネルギーを上肢に伝達させるのが腰の回旋、そして肩の回旋です。前足が着地する前に腰が回りはじめてしまうと、上肢に伝わる骨盤の回旋のエネルギーは弱くなってしまいます。だからこそ、指導のなかで「肩は開くな」「腰を開くのはギリギリまでがまんしろ」といわれているのでしょう。

3-7　前足と軸足、どちらが重要か

　ここで、前足の踏み込みを意識したドリルを行ってみましょう。指導書などをみても、軸足の指導について触れられていますが、前足の重要性についてはあまり触れられていません。骨盤の回旋力の貢献度をみれば、軸足よりも前足の貢献度のほうが大きいといわれています。また、前足の働きが骨盤の回旋に大きな役割を果たしていることもわかってきました。

　しかし、著者（土橋）は、体重移動の局面に関しては、前足よりも軸足を意識する方が重要だと考えます。体重移動では、その制御は軸足が行うと考えているからです。したがって、ここまではむしろ踏み出す前足はないものとして考えてきました。

　前足の意識が入ってくるのは、前足が接地した瞬間から腰を回旋させるときです。スイッチを切り替えるように、重心を前足に移すと同時に骨盤を回旋させますが、その瞬間に前足の股関節が骨盤の回旋に大きな役割を果たすことになります。

　次に、前足への体重移動と、腰の回旋感覚をつかむドリルを紹介しましょう。

drill 7　前足を踏み込む動作を身につけよう

■ステップ１

　まず、足を肩幅くらいに開いて立ちます。そこから軸足を後方へ移動させ、

図48　前足への体重移動と、腰の回旋感覚をつかむドリル
　　　軸足を後方へ移動させ、前足の股関節で重心を支える。

前足の股関節で重心を支える、いわば「のせ」の形の応用で動作をつくります（図48）。この動作を繰り返し、前足の股関節でしっかりと安定させ、重心をのせる感覚をもちましょう。前足の股関節をしっかりとはめ込む感覚があれば、片足立位でもバランスを保てます。

■ステップ2
　次は、投球の動作で重心を前足にのせていきます。前足に重心を完全に移し、フォロースルーの形をつくります（図49）。この投球動作からフォロースルーの動きを、前足の意識を強くして繰り返し行っていきます。ステップ1より、さらに実際の投球の感覚に近づきます。前足で骨盤の回旋をリードし、前足の股関節で巻き込んでいくイメージをもって行いましょう。

図49　前足への体重移動と、腰の回旋感覚をつかむドリル
　　　前足に重心を完全に移し、フォロースルーの形をつくる。

■ステップ3
　最後の投げ終わりの構え（前足に重心をのせたフォロースルーの形）をつくります。いわば片足ランジの姿勢になります。次に投球動作を逆戻りするように腰を逆回旋して、からだを戻していきます。そして、また前足の股関節ではめ込むように、この動作を繰り返していきます（図50）。

図50　前足で骨盤を巻き込む動きのドリル
　　　フォロースルーから投球動作を逆戻りするようにして腰を逆回旋する。

大事なのは、重心を踏み込み足である前足にしっかりとのせ、前足の股関節をはめ込む感覚を養うことです。前足の股関節でからだを外方向に回していく感覚で、骨盤を引き寄せるというイメージです。

　このとき、前足の足裏のインエッジを浮かせるような感覚も、腰の回旋に役に立ちます。骨盤をうまく前足の股関節の上にのせる、同時にはめ込むといったイメージができるといいでしょう。筋肉で支えるというよりは「骨で支える」というイメージがポイントです。

　前述したように、骨盤の回旋では、踏み込み足である前足側の股関節の回旋のはたらきが大きいことを考えると、前足で骨盤をクルッと巻き込む感覚も骨盤の回旋力を大きくするために重要になってきます。骨盤の回旋をこの前足の股関節で加速させ、さらにピシッと止めていくことにより、骨盤より上の肩や上肢が加速していくことになります。

　次に、ドリル7の応用ドリルを紹介します。

drill 8　軸足を台の上にのせて骨盤を回旋させよう

　まず、投球動作の要領で、投げる下半身の形、つまり前足を一歩踏み出した形をつくります。この状態で軸足は台の上にのせ、軸足の股関節の外転・外旋の状態を意図的につくり出します（図51）。

　この状態で、ドリル7のステップ2のように重心を前足にのせた状態で、前足の大腿骨に骨盤をはめ込むような意識をもって骨盤を回旋させます。この骨盤の動きに合わせて、前足の軸をしっかりとイメージして動作を行っていきます。

　この動作を行うことによって、股関節・骨盤・体幹を連動させた動きをからだに覚えさせましょう。

図51　軸足を台にのせて骨盤を回すドリル

3-8　投げ動作のすべてをつなげよう

　ここまでのことができると、後はこれまでのドリルで得た前足の自然な踏み出しの感覚を実際のピッチングのステップに変えていき、上肢を含めたすべての動作をつなげていくだけです。
　その流れは、以下のとおりです。
①投球動作のなかで「のせ」の型をつくる。
②軸足の足首を内側に倒し、軸足の内側の面を意識して押しこんでいく。
③ギリギリまで軸足で姿勢を制御しながら、体重を移動する。
④自然なタイミングで前足を始動し、前にしっかりと踏み込む。
⑤踏み込みと同時に軸足側の骨盤を前に突き出す。このとき、上体が一緒に
　回らないように注意する。

　体重移動の際には、骨盤は並進的に（回さずに）移動させ、前足の着地と同時に、前足の股関節のはめ込みによって一気に骨盤を回旋させることが重要になります。前足を踏み込んだ瞬間に、後ろ腰を前の腰に衝突させるような感覚も有効です。完全に重心が前足にのったときには、前足の股関節で骨盤の回旋力を生み出していきます。骨盤が回れば、肩が回り、腕が自然に振れてくるはずです。「しなり」を生み出すからだの使い方へとつながっていければ合格です。
　簡単に説明しましたが、今までバラバラに行っていたことをつなげて、動きをつくり出していくことはそう簡単なことではありません。今まで分解してできたことが、それぞれの動きをつなげると、うまくできなくなることがあるかもしれません。しかし、これまでのことを理解し、意識して根気よく行っていけば、少しずつ全体のバランスがかみ合っていくはずです。
　ピッチングにおけるそれぞれの局面でのポイントをドリルにしてきたわけですから、それを最初は意識して行い、次第に無意識で各ドリルの動きができるように仕上げていくことがいちばんのポイントになります。楽しみながら、研究心を持って、根気強く反復して行えるかどうかが、うまくなる秘訣です。
　本書にあげたドリルは、あくまで型であり、自分のフォームを確認する上での指標にしてほしいという思いから紹介したものです。型であって、最終的にこう投げなさいという形（フォーム）ではありません。自分の感覚に合ったフォームをつくっていって欲しいと思います。
　そのためには、時速120kmの球速を、いますぐ130kmにアップさせたいとは思わないことが重要です。球速の違いが数値に表れる（目にみえる）ようにするためには、まずは、目にみえない動作の感覚を変えることです。とくに本書のドリルをやっていくと、あるときから、同じ球速のボールを投げるのに、以前より楽に投げられる、力感が減ったといった感覚の変化が起きてきます。
　はじめのうちは、一度できても、次の日にはできなくなっていることもしばしばあります。ですから、いい感じの状態を安定させられるように、続けていってください。球速がすぐにあがらないからといって、球速アップを焦ると、

力みの入った動作に逆戻りしてしまいます。球速より、感覚を大事にするようにしましょう。

　同じ球速のボールを投げるのに、あるいは同じ距離の遠投をするのに、楽に投げられるようになる、という状況を続けていくと、あるときに球速や遠投距離がグーンと伸びます。それは、まさに恵みの瞬間、至福のときです。

　試合のときに、動作の力感が減るというのは非常に素晴らしいことです。力感が減って、楽に投げられるということは、スタミナの消耗が減って続投イニングが増えるばかりでなく、コントロールがよくなることにもつながります。その結果、状況判断の余裕ができ、相手打者の心理が読めるようにもなるなど、目にみえないインサイドワークの向上にもつながります。

　野手のスローイングでも、同じ球速で同じ距離を投げるのに、動作の力感が減れば、スローイングの正確性が高まります。これまで紹介したドリルを実践することで、目にみえることばかりでなく、目にみえない能力が向上するということも読み取ってください。

　本書にはそのような隠れたプレゼントも用意されています。このプレゼントを手に入れる選手がたくさん出て欲しいと願わずにはいられません。

■参考文献・論文
○島田一志ほか「野球のピッチング動作における体幹および下肢の役割に関するバイオメカニクス的研究」、『バイオメカニクス研究』4：47-60、2000
○Mac Williams BA, et al. : Characteristic ground-reaction forces in baseball pitching. American Journal of Sports Medicine, 26: 66-71, 1998.

あとがき

　著者のひとり小田は、北京オリンピックに備えて合宿する日本代表の女子ソフトボール選手たちに、動作講習会を行ったことがあります。

　エースの上野由岐子投手には、「時速120kmのボールを125kmにすることを考えるのではなく、これまでの球速でいいから、10の力感で投げていた感覚を7の力感で投げられるような、からだの使い方をマスターするように」と、アドバイスしました。また、そのほかの選手たちには、「打撃では、飛距離を伸ばそうとするのではなく、いまの力感の半分で同じ飛距離が出るような打撃感覚を身につけるように」と言いました。

　このように、選手には量の変化ではなく、質の変化を要求しました。これがすべて功を奏したから好結果につながったとは言い切れませんが、上野投手は、決勝リーグで413球を投げ通し、金メダルを賭けたアメリカ戦では三科選手が二塁打を、そして山田主将が本塁打を放ちました。これらはいずれも、力感を外した動作からの超ハイパフォーマンスでした。まさに、質の転換が呼び寄せた勝利と言ってもいいものでした。

*　　　　　*

　本書は、野球における投球・送球動作の質を上げるために書かれたものです。さまざまなキーワード、キーフレーズが出てきます。投球腕の動きにおける「肩を飛ばす」、「腕をしならす」や、体幹の動きにおける「からだのなかに芯をつくる」、「でんでん太鼓のような感じ」、「体幹を入れ替える」、下半身の動きにおける「軸足へののせ」、「軸足の膝の抜き」、体重移動における「はこび」などがそれです。これらのキーワードは、読者のあなたが質の世界にアクセスするためのユーザーIDです。パスワードは、あなた自身の感覚を入力します。

　パスワードは、人から教えてもらうものではありません。自分で編み出すのです。同じIDを入力しても、他人のパスワードではアクセスできません。いったん登録したパスワードも、時期がきたら新たなパスワード（動作感覚）に変更する必要が出てきます。

　いつも思うのですが、プロ野球のテレビ中継で、一流選手の動作感覚を撮ることができる特殊カメラがあったらどんなにいいかと。そのカメラを使えば、優秀な選手のスーパープレーの感覚がまったく想像もつかないような意外なイメージであることがわかってしまうなんて。「いまイチロー選手は、レフト線の二塁打を、ヒシャクで庭に水をまくイメージで打ったんですね」などという解説が行われたりしたら、なんと楽しいことでしょうか。

*　　　　　*

本書のキーワード解説とそのドリルは、あなた独自の感覚を引き出すためにあります。体幹の入れ替え動作づくりのきっかけとして、でんでん太鼓のイメージを取り上げましたが、実践していくうちに、あなた独自の感覚に移っていくはずです。成長していくスポーツ選手は、自分自身のからだと向かい合って、自分独自の動作感覚をみつけていくものです。自分を築き上げるとは、そういうことです。

＊　　　　＊

　本書は、3人のまったく異なる仕事を持つ人間のチームプレーによって執筆されました。小田と小山田のキャッチボールが始まったのが、1998年でした。初めての電話なのに、意気投合して話が弾みました。毎日毎日、「からだ」の動かし方や考え方についての意見交換が続きました。「動作は客観的にみるとそうなっていても、選手はそのように意識したり感じたりはしていないですよね」ということを夢中になって語り合いました。小山田も小田も、からだの動きと、動きの感覚を分けて考え、その対応をみているところがありました。
　それから5年の月日が過ぎました。その間のやりとりのなかで、人間のからだの動きを、右と左という観点から説明する考え方が膨らんできて、その考えを執筆して公にしました。
　ある日、「野球のトレーナーをやっています」という方から電話をもらいました。「先生、からだの使い方や、主観と客観のずれのことで、共感する部分がたくさんあります。先生とお会いしてお話ししたいことがたくさんあるんです」。土橋と小田の出会いでした。土橋は、トレーナーは何をすべきか、ということを真剣に考え、選手のためにどうしたらいいのか、という想いを一途に語りました。
　2005年に、小田が大修館書店から『スポーツ選手なら知っておきたい「からだ」のこと』を出版しました。この出版をきっかけに、『野球選手なら知っておきたい「からだ」のこと』の企画が走り出しました。

＊　　　　＊

　土橋は、高校時代には、甲子園を目指して野球をしていました。そして、早稲田大学に入学すると同時に、学生トレーナーとしての活動を始めました。同級生の和田毅投手の球速が、土橋との二人三脚によって、時速120km台から140km台にまでアップした話を本書にも記述していますが、その後、和田投手がプロ野球に行くのにともなって、土橋もパーソナルトレーナーとしてプロ野球の世界に足を踏み入れ、和田投手やその他の選手のからだをケアする日々を送っています。土橋が接するプロ選手の投球や打撃の技術論は、これまで聞いたことのないような選手独自のものがいくつもありました。ですから、毎日が勉強でした。その個性的な感覚論をからだの動きとつき合わせていく毎日が続きました。
　野球教室などで高校野球の指導者と話をする機会も多い土橋は、選手のなか

には、「うまくならないからつまらない」ということでやめていく野球選手も少なくないことを耳にし、正しい努力を続けていけば必ず花が開く、という体験を一人でも多くの野球選手にしてほしいと願って本書を執筆しました。

*

小山田の野球との出会いは、3歳のときです。兄の影響で野球に興味を持ちました。その頃買ってもらったグローブを今でも大切に持っています。中学生のころ、祖父の下へ当時中日ドラゴンズの谷澤健一選手がアキレス腱炎の治療に来た際に、トレーニングの相手をさせていただいたことから、野球に対する考えが変わり、治療の道へ進もうと思いはじめました。

現在、愛知県小牧市で治療院を開業し、野球、競輪、サッカーなどのスポーツ選手のからだのケアとからだの使い方のアドバイスに従事しています。

小山田は、昭和40年頃にすでに大リーグを意識していた人気マンガ『巨人の星』を夢中で読みました。打者に対して有利なのは左投げだとして、主人公の星飛雄馬を大リーグ養成ギプスで左投手に育て上げた父・一徹の偉大さや、努力する天才花形など、語ればきりがありません。本書の読者には、投げる、打つなどの基本的な動作のなかでケガをしにくい動作をぜひ身につけてほしいと願っています。

*

小田の小学校時代の遊びは、毎日毎日、野球でした。6年生のときに、町内地域対抗試合で、キャプテン、サードとして優勝した覚えがあります。小山田と同様に、『巨人の星』を夢中で読んだ世代です。学童期に人間の神経系は著しく発達しますが、まさに自分自身の運動神経系は野球に育ててもらったと言えます。

その後、中学・高校時代は陸上競技の三段跳、大学時代はラグビーに熱中し、スポーツとの関わりがいっそう強くなっていきました。スポーツは「からだ」でするものだという思いの原形は、小学生の頃の野球体験で自然に築かれたように感じます。大学教員となり運動制御の研究を行うようになって、その思いはますます色濃くなりました。動作はそうなるのであってそうするのではない、という発想は選手の目線から出てきたものです。「からだ」の世界の道理からスポーツ動作を説明するようになったのも、小学校時代に無心で、夢中になって投げて、打って、捕って、走った野球の体験が、いまでも自分の物の考え方の基盤となっているからだと思うのです。

*　　　　　*

本書の執筆にあたり、福岡ソフトバンクホークスの選手、球団関係者各位、石川県立小松高等学校野球部監督の越智良平先生および野球部員の皆様、石川県高等学校野球連盟の関係各位に多くのお力添えを賜りました。また、早稲田大学スポーツ科学学術院の彼末一之研究室の皆様をはじめ、本文の写真モデルを務めてくれた、元早稲田大学野球部の佐藤那央氏にもたいへんお世話になりました。そして、フォート・キシモトのおふたりのカメラマンにも謝意を表し

ます。

　コラムの分担執筆には、「投球・送球編」で京都大学野球部のエースだった土屋真司氏（現・電通）に、「打撃編」では同野球部でリーグ戦のベストナインに選ばれた伊藤慎哉氏（現・電通）にそれぞれご協力をいただき、本文の内容に沿った興味深い内容のコラムを掲載することができました。そのほか、これまで、著者たちに野球を教えてくださった幾多の野球選手、指導者の方々に心より御礼を申し上げます。

　最後に、本書の企画編集を担当された綾部健三氏に心より感謝申し上げます。これまでにない特色をもった独自性のある本を編集しようとされる情熱のもとに、著者たちの遅れがちな原稿の投球にも、そのつどストライクゾーンを広くとっていただき、温かい励ましの言葉を投げ返してくださいました。刊行までたどりつけた喜びと感謝を、この場を借りて表したいと思います。

2009年3月21日　　著者一同

著者紹介

■**土橋恵秀**（つちはし けいしゅう）
1978年生まれ、京都府出身。比叡山高等学校、早稲田大学卒業。1999年早稲田大学入学後、野球部初の学生トレーナーとして入部。以後、バイオメカニクスに興味を持ち、大学では三次元解析や筋電図解析等から野球の動作について研究。2005年、大学卒業後は、プロ野球選手のパーソナルトレーナーとして活躍するかたわら、アマチュアのスポーツ選手の指導にも携わる。第1回・第2回WBC大会および北京オリンピックにパーソナルトレーナーとして帯同。
2012年より渡米。大リーグのボルティモア・オリオールズ、シカゴ・カブスにて活動し、2016年に帰国。現在は、日本野球界の底上げを目指すべく、社会人野球、大学野球、高校野球にも活動の場を広げている。

■**小山田良治**（おやまだ りょうじ）
1965年生まれ、福岡県出身。スポーツマッサージ五体治療院代表。祖父、小山田秀雄の下で治療技術を学ぶ。1987年スポーツマッサージ五体治療院開業。競輪選手を中心にプロ野球選手、Jリーガーなど多くのスポーツ選手の治療とともに、怪我をしないための動作などの指導を合わせて行う。1997年小田伸午と出会い、運動動作の意見交換がはじまる。
股関節の回旋運動に着目しストレッチに取り入れる。スポーツ用品、健康グッズなどの商品開発のアドバイスなどを行う。
2011年『左重心で運動能力は劇的に上がる！』（宝島新書）を出版。左重心の動作が注目を集める。競輪選手浅井康太とProject5を立ち上げ、赤星憲広氏（元阪神タイガース）の「Ring of Red」に参加。

■**小田伸午**（おだ しんご）
1954年生まれ。東京大学教育学部、同大学院博士課程単位修得退学。京都大学教養部助手を経て、2005年より京都大学高等教育研究開発推進センター教授、2011年より関西大学人間健康学部教授。人間・環境学博士。
元日本代表ラグビーチーム・トレーニングコーチ。人間の身体運動や運動制御を、生理・心理・物理から総合的に研究。
□主な著書：『スポーツ選手なら知っておきたい「からだ」のこと』、『剣士なら知っておきたい「からだ」のこと』（共著）、『サッカー選手なら知っておきたい「からだ」のこと』（共著）（以上、大修館書店）、『運動科学──アスリートのサイエンス』（丸善）、『身体運動における右と左』（京都大学学術出版会）

野球選手なら知っておきたい「からだ」のこと──投球・送球編
©Keishu Tsuchihashi, Ryoji Oyamada, Shingo Oda 2009
NDC783 / 118p / 26cm

初版第1刷──2009年 7月10日
第6刷──2019年 9月 1日

著　者──土橋恵秀　小山田良治　小田伸午
発行者──鈴木一行
発行所──株式会社　大修館書店
　　　　〒113-8541　東京都文京区湯島2-1-1
　　　　電話　03-3868-2651（販売部）　03-3868-2299（編集部）
　　　　振替　00190-7-40504
　　　　［出版情報］https://www.taishukan.co.jp

装　　丁──大久保浩
写真撮影──フォート・キシモト
撮影協力──佐藤那央、三ツ井健馬、石川県立小松高等学校野球部
イラスト──イー・アール・シー
本文レイアウト──加藤　智
印　刷　所──横山印刷
製　本　所──難波製本

ISBN 978-4-469-26685-6　Printed in Japan
Ⓡ本書のコピー，スキャン，デジタル化等の無断複製は著作権法上での例外を除き禁じられています。本書を代行業者等の第三者に依頼してスキャンやデジタル化することは，たとえ個人や家庭内での利用であっても著作権法上認められておりません。

野球選手なら知っておきたい「からだ」のこと 打撃編

土橋恵秀 小山田良治 小田伸午【著】

からだを知れば、打撃は変わる！

こんな疑問にお答えします

- どうすれば安定した打撃成績が残せるのか？
- 相撲の四股(しこ)を取り入れた練習の意図は？
- ボールがよく見える打席での立ち方があるのか？
- 「骨盤を前傾させると、打撃がよくなる」というのは本当か？

打席での投手寄りの腕、捕手寄りの腕、骨盤・股関節、軸足の膝や体幹などの仕組みと働きを知り、身体各部の合理的な使い方や身体感覚を養うためのドリルを習得すれば、好打者への道が開かれることを示す。

● B5判・104頁・2色刷 定価＝本体1600円＋税

大修館書店 書店にない場合やお急ぎの方は、直接ご注文ください。☎03-3868-2651

野球のメンタルトレーニング
心を鍛えるためのエッセンス

The MENTAL GAME of Baseball

H・A・ドルフマン、K・キュール 著　白石豊 訳
● 四六判・274頁 定価＝本体1,600円＋税

どんなに技術や体力が優れていても、心が逞しく鍛えられていない選手は大成できない。そのため野球も、技術・体力と同レベルで心理面をトレーニングする時代となった。本書は、野球選手のメンタル面に光を当てた最初の本であり、野球選手に必要な精神的資質やそれを身につける具体的方法など、大リーグのメンタルトレーニングの実践から得た強化法のエッセンスを紹介する。

❖目次❖ 何から始めればよいか／適切な目標の設定／さまざまな期待への対処法／目標への没頭（願望を行動に変える）／野球選手の責任感／目標に取り組む態度／揺るぎない自信を身につける方法／学ぶ（自己を変える）ことの重要性／緻密な準備が勝利を制する／ヴィジュアライゼーション（イメージトレーニング）／集中力は「成功へのキーワード」／セルフコントロールの技術／リラックスの技術／勝利への戦略／バッティングのメンタルトレーニング／ピッチングのメンタルトレーニング／守備のメンタルトレーニング／ベースランニングのメンタルトレーニング

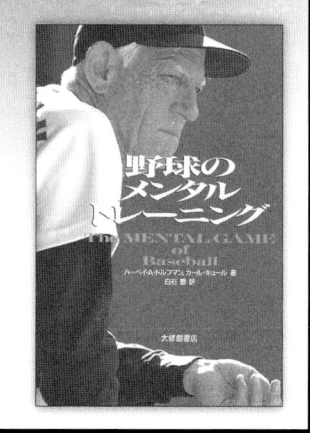

大修館書店 書店にない場合やお急ぎの方は、直接ご注文ください。☎03-3868-2651